THE
SILK ROAD BELT
AND
HUBEI
Challenge and Opportunity

"丝绸之路经济带"
与湖北对外开放

机遇与应对

朱新蓉　李志生　主编

社会科学文献出版社
SOCIAL SCIENCES ACADEMIC PRESS (CHINA)

序 言

　　经过三十多年的改革开放，中国已取得了举世瞩目的巨大成就。回顾对外开放的历程，一般归为三大阶段：首先，通过创建经济特区，以先行先试策略提供经验与范例，实现思想观念上的重大突破。其次，沿海 14 个城市的对外开放拓展了对外开放的领域，形成开放驱动经济增长的格局。最后，开放沿长江流域并向内陆延伸，形成了全国范围内的开放态势。这种按梯度分层次的改革开放路线图收获了丰富的实践经验及经济发展的实际效应。目前，国内外形势已发生了深刻变化，如何更加深度融入世界经济体系，进一步拓宽外向型经济的发展空间，需要我们调整发展思路，以全新的理念推动新一轮的对外开放。

　　站在新的历史起点上，习近平总书记把开放发展作为引领我国未来五年乃至更长时期发展的"五大发展理念"之一，向世界表明，中国开放的大门永远不会关上，中国经济发展将继续为世界带来巨大的正面外溢效应。开放发展理念为提高我国对外开放的质量和发展的内外联动性提供了行动指南。

　　习近平总书记提出构建"丝绸之路经济带"和 21 世纪海上丝

绸之路（简称为"一带一路"）的战略构想。这一跨越时空的宏伟构想承接古今、连接中外，赋予古老丝绸之路崭新的时代内涵，被誉为一个高瞻远瞩的战略构想、一条和平发展的共赢之路、一项脚踏实地的伟大事业。它既传承以团结互信、平等互利、包容互鉴、合作共赢为核心的古丝绸之路精神，又顺应了和平、发展、合作、共赢的21世纪时代潮流，全方位升级我国开放型经济，将"中国梦"与"世界梦"进行有机链接，具有深远的战略意义和全球性影响力。

中国改革开放的实践表明，对外开放所到之处，经济即进入快速发展阶段。始于21世纪之初的西部大开发和中部崛起战略，虽与东部沿海区域的开放发展相比起步较晚，而十八届三中全会关于推动内陆沿边开放的重要部署，进一步激活了内陆和沿边地区的经济发展活力，结合当今周边外交的发展重点，以开放推动体制和机制的创新，全面提升内陆和沿边开放的深度与广度的局面已经形成。据此，建设"丝绸之路经济带"已成为扩大中西部开放、打造中西部经济升级版的主引擎。

面对新的重大战略机遇，湖北要勇于担当其作为东西双向开放战略交汇点、长江经济带与"丝绸之路经济带"协同创新重要支点的历史使命，加快融入"丝绸之路经济带"建设步伐。既要积极争取中央政策的强有力支持，又要不断深化改革以增强湖北经济发展的内生动力，通过实施"贸易牵引、产业推动、企业跟进、金融助力"的走出去战略举措，使湖北经济开放格局从引进来为主向引进来和走出去并重转变，最大限度地争取"向西"开放的红利，促进湖北经济转型和产业升级，早日实现"五个湖北"的宏伟蓝图。

感谢中共湖北省委决策支持工作组织者的信任和指导，我们与省经信委、商务厅、三环集团的合作研究是卓有成效的，承担并完成的《抢抓国家战略新机遇 构建对外开放新格局——湖北加快融入"丝绸之路经济带"建设对策研究》（2014 年省委决策支持重大课题研究成果）为湖北省"十三五"规划的对外开放战略提供了科学的决策依据。基于强烈的使命意识和责任感，我们又将思考凝结成书，衷心期待本书的出版能提供一个全新的对外开放视角，认真审视开放的重大变革，把握开放的时代性，精准开放的切入点，再创湖北区域对外开放的新辉煌。

感谢社会科学文献出版社高效、细致的服务，使本书得以顺利出版。

中南财经政法大学

产业升级与区域金融湖北省协同创新中心

2016 年 6 月

目　录

主报告　抢抓"丝绸之路经济带"战略机遇

　　　　构建湖北全方位开放的新格局 …………………… 001

　　一　中国经济新常态要求湖北加快构建全方位

　　　　对外开放新格局 …………………………………… 002

　　二　充分认识建设"丝绸之路经济带"国家战略赋予

　　　　湖北的新机遇和湖北经济发展的新优势 ………… 007

　　三　直面深度融入"丝绸之路经济带"的新挑战,

　　　　切实厘清湖北鼓励企业走出去的总体思路 ……… 015

　　四　贸易牵引、产业推动、企业跟进、金融助力,

　　　　最大化"丝绸之路经济带"开放红利 …………… 027

　　五　统筹规划、有序推进,加强和完善组织保障 ……… 037

专题一　沿线国家和地区政治、经济与资源禀赋 ………… 045

　　一　沿线国家政治、经济与资源禀赋比较 …………… 045

　　二　"丝绸之路经济带"国内沿线地区经济与

　　　　资源禀赋比较 …………………………………… 064

　　三　"丝绸之路经济带"建设与湖北省发展机遇 ……… 093

专题二　国内沿线地区的战略举措与应对策略 ………… 101

　　一　国内沿线地区"丝绸之路经济带"建设的战略定位 …… 101

二 国内沿线地区"丝绸之路经济带"
建设的主要进展 ……………………………………… 105

三 国内沿线地区"丝绸之路经济带"
建设的主要政策举措 ……………………………… 114

四 改革开放以来湖北对外开放态势与特征 ………… 124

五 新形势下湖北对外开放战略布局的新思考 ………… 135

六 湖北融入"丝绸之路经济带"战略布局的新策略 …… 139

专题三 国内沿线地区产业格局与市场需求 …………… 151

一 "丝绸之路经济带"沿线产业发展现状以及湖北省
产业优势 ……………………………………… 151

二 "丝绸之路经济带"国内沿线省区未来市场需求
变化特点及湖北发展机遇 …………………… 158

三 湖北省产业发展对策 ……………………………… 169

专题四 "丝绸之路经济带"作为人民币国际化新的
推进方向 ……………………………………… 176

一 人民币国际化的现状 …………………………… 176

二 "丝绸之路经济带"建设给人民币
国际化带来新的机遇 ……………………………… 178

三 在"丝绸之路经济带"推进人民币
国际化的困难和障碍 ……………………………… 181

四 以"丝绸之路经济带"推进人民币
国际化的政策建议 ……………………………… 187

参考文献 ……………………………………………… 190

表目录

主报告 抢抓"丝绸之路经济带"战略机遇

构建湖北全方位开放的新格局 ……………… 001

表1 "丝绸之路经济带"沿线国家和地区优势

产业比较 ……………………………… 009

表2 "丝绸之路经济带"沿线省区市战略思路

及具体举措对比 …………………………… 017

专题一 沿线国家和地区政治、经济与资源禀赋 ………… 045

表1 中亚五国政治概要 ……………………… 048

表2 "丝绸之路经济带"沿线国家经济发展概要 ………… 049

表3 "丝绸之路经济带"沿线国家同中国进出口总额 …… 050

表4 哈萨克斯坦主要进出口商品 …………………… 054

表5 吉尔吉斯斯坦主要进出口商品 ………………… 055

表6 塔吉克斯坦主要进出口商品 …………………… 056

表7 乌兹别克斯坦主要进出口商品 ………………… 057

表8 土库曼斯坦主要进出口商品 …………………… 058

表9 "丝绸之路经济带"沿线国家人均

可再生内陆淡水资源 ……………………… 060

表 10 "丝绸之路经济带"沿线国家的能源与矿产比较 …… 061

表 11 中亚五国的能源矿产一览表 ……………………… 061

表 12 "丝绸之路经济带"沿线国家 15～64 岁
人口比例 ……………………………………… 062

表 13 "丝绸之路经济带"沿线国家入学率 …………… 063

表 14 "丝绸之路经济带"国内沿线地区相关
地理位置特征 ………………………………… 066

表 15 "丝绸之路经济带"国内沿线地区历年客运量 …… 067

表 16 "丝绸之路经济带"国内沿线地区历年货运量 …… 070

表 17 "丝绸之路经济带"国内沿线地区年均土地
资源比较 ……………………………………… 075

表 18 "丝绸之路经济带"国内沿线地区历年人均
水资源占有量 ………………………………… 076

表 19 "丝绸之路经济带"国内沿线地区历年煤炭储量 …… 077

表 20 "丝绸之路经济带"国内沿线地区历年石油储量 …… 078

表 21 "丝绸之路经济带"国内沿线地区历年天然气储量 …… 080

表 22 "丝绸之路经济带"国内沿线地区历年铜矿储量 …… 081

表 23 "丝绸之路经济带"国内沿线地区历年铁矿储量 …… 082

表 24 "丝绸之路经济带"国内沿线地区历年硫铁矿储量 …… 083

表 25 "丝绸之路经济带"国内沿线地区历年人口
自然增长率 …………………………………… 084

表 26 "丝绸之路经济带"国内沿线地区历年高等
学校毕业人数占总人口比 …………………… 085

表 27 "丝绸之路经济带"国内沿线地区 GDP 总量
与人均 GDP …………………………………… 087

表 28 "丝绸之路经济带"国内沿线地区产业分布 ………… 090

表 29 "丝绸之路经济带"国内沿线地区历年外商

直接投资额 ………………………………………… 092

表 30 湖北省融入"丝绸之路经济带"的 SWOT 分析 …… 094

专题二 国内沿线地区的战略举措与应对策略 ……………… 101

表 1 1978 ~ 2014 年湖北进出口基本情况 …………… 125

表 2 湖北省对外贸易发展状况 ………………………… 127

表 3 中西部部分省区市开放条件对比 ………………… 128

表 4 湖北省不同类型企业的进出口结构 …………… 130

表 5 湖北省不同对外贸易方式完成情况 …………… 131

表 6 2014 年湖北省与主要贸易伙伴进出口统计表……… 132

表 7 "一带一路"沿线主要国别情况 ………………… 138

专题四 "丝绸之路经济带"作为人民币国际化新的

推进方向 …………………………………………… 176

表 1 2015 年"丝绸之路经济带"沿线各国 GDP 及

人均 GDP ……………………………………………… 182

表 2 银行境外分支情况表 ……………………………… 185

图目录

专题一　沿线国家和地区政治、经济与资源禀赋 ············ 045

图 1　2010～2014 年中国及中亚五国 GDP 增长率 ··········· 051

图 2　中亚五国产业结构发展比重情况 ················ 052

图 3　中亚五国外国直接投资净流入 ················· 052

图 4　中国在中亚五国承包工程完成营业额 ············· 053

图 5　哈萨克斯坦同中国贸易额 ··················· 054

图 6　吉尔吉斯斯坦同中国贸易额 ·················· 055

图 7　塔吉克斯坦同中国贸易额 ··················· 056

图 8　乌兹别克斯坦同中国贸易额 ·················· 057

图 9　土库曼斯坦同中国贸易额 ··················· 058

图 10　"丝绸之路经济带"沿线国家劳动力总数 ··········· 062

图 11　2014 年"丝绸之路经济带"国内沿线地区各种交通
　　　运输方式客运量占比 ··················· 072

图 12　2014 年"丝绸之路经济带"国内沿线地区各种交通
　　　运输方式货运量占比 ··················· 073

图 13　"丝绸之路经济带"国内沿线地区土地
　　　资源比较 ························· 075

图 14　"丝绸之路经济带"国内沿线地区历年人均水
　　　 资源占有量 ················ 076

图 15　"丝绸之路经济带"国内沿线地区历年
　　　 煤矿储量 ·················· 078

图 16　"丝绸之路经济带"国内沿线地区历年
　　　 石油储量 ·················· 079

图 17　"丝绸之路经济带"国内沿线地区历年
　　　 天然气储量 ················ 080

图 18　"丝绸之路经济带"国内沿线地区历年
　　　 铜矿储量 ·················· 081

图 19　"丝绸之路经济带"国内沿线地区历年
　　　 铁矿储量 ·················· 082

图 20　"丝绸之路经济带"国内沿线地区历年
　　　 硫铁矿储量 ················ 083

图 21　"丝绸之路经济带"国内沿线地区历年人口
　　　 自然增长率 ················ 085

图 22　"丝绸之路经济带"国内沿线地区历年高校
　　　 毕业人数占总人口比例 ········ 086

图 23　"丝绸之路经济带"国内沿线地区历年 GDP 总量 ····· 088

图 24　"丝绸之路经济带"国内沿线地区历年人均 GDP ····· 089

图 25　"丝绸之路经济带"国内沿线地区历年 GDP 增速 ····· 089

图 26　"丝绸之路经济带"国内沿线地区历年外商
　　　 直接投资额 ················ 093

专题四　"丝绸之路经济带"作为人民币国际化新的
　　　　推进方向 ················ 176

图 1　中国银行跨境人民币指数（CRI） ········· 177

图 2　离岸市场人民币指数（ORI） ·········· 178

主报告
抢抓"丝绸之路经济带"战略机遇
构建湖北全方位开放的新格局

"丝绸之路经济带"建设是以习近平为总书记的党中央在新的历史时期提出的重大战略部署,标志着中国经济对外开放的格局正在发生从向东开放以"引进来"为基础,到向西开放以"走出去"为主体的重大变革。通过市场、能源资源、投资"三头"对外稳步拓展,使中国经济能够更加深度地融入世界经济,也能够使中国经济实现更长远的可持续发展。这一新战略在今后相当长时期内都会是中国改革开放的重要内容,也必将成为湖北积极应对新常态、促进湖北经济跨越式发展的必然选择。

面对新的重大历史机遇,湖北要勇于承担其作为东西双向开放战略交汇点、长江经济带与"丝绸之路经济带"协同创新重要支点的历史使命,加快融入"丝绸之路经济带"建设步伐。既要积极争取中央政策的强有力支持,又要不断深化改革以增强湖北经济发展的内生动力,通过实施"贸易牵引、产业推动、企业跟进、金融助力"的走出去战略举措,使湖北经济开放格局从引进来为主向引进来和走出去并重转变,促进湖北经济转型和产业升级,早日实现"五个湖北"的宏伟蓝图。

一 中国经济新常态要求湖北加快构建全方位对外开放新格局

(一) 中国经济新常态对全面深化改革和开放提出新要求

习近平总书记先后在 2014 年 5 月和 11 月提出以新常态来概括当前中国经济的新特征，并将之上升到战略高度。这一认识正在对宏观政策、经济转型升级等重大问题产生方向性、决定性的影响。

1. 中国经济新常态特征与蕴含的机遇

中国经济在新常态下呈现三大特点：一是从高速增长转为中高速增长；二是经济结构不断优化升级，第三产业、消费需求逐步成为主体，城乡区域差距逐步缩小，居民收入占比上升，发展成果惠及更广大民众；三是从要素驱动、投资驱动转向创新驱动。

这一新常态将给中国带来新的发展机遇。

第一，新常态下，中国经济增速虽然放缓，但实际增量依然可观。经过 30 多年的高速增长，中国的经济体量已经今非昔比。2015 年中国贡献全球经济增量的 1/3。即使是 6% 左右的增长，无论是速度还是体量，在全球也是名列前茅的。

第二，新常态下，中国经济增长更趋平稳，增长动力更为多元。中国经济的强韧性是防范风险的最有力支撑。中央创新宏观调控的思路和方式，以目前确定的战略和所拥有的政策储备，我们有信心、有能力应对各种可能出现的风险。我们正在协同推进新型工业化、城镇化、信息化、农业现代化，这有利于化解各种"成长的烦恼"。中国经济更多依赖国内消费需求拉动，避免依赖出口的外部风险。

第三，新常态下，中国经济结构优化升级，发展前景更加稳定。2015年，中国最终消费对经济增长的贡献率达到66.4%，成为经济增长的第一驱动力；高技术产业增加值比上年增长10.2%，比规模以上工业快4.1个百分点，占规模以上工业比重为11.8%，比上年提高1.2个百分点。这些数据显示，中国经济结构正在发生深刻变化，质量更好、结构更优。

第四，新常态下，中国政府大力简政放权，市场活力进一步释放。简言之，就是要放开市场这只"看不见的手"，用好政府这只"看得见的手"。

2. 中国经济新常态要求全面深化改革和开放

新常态还伴随着新问题、新矛盾，一些潜在风险渐渐浮出水面。能不能适应新常态，关键在于全面深化改革和加快开放的力度。

——全面深化改革，就是要激发市场蕴藏的活力。市场活力来自人，特别是来自企业家，来自企业家精神。激发市场活力就是把该放的权放到位，该营造的环境营造好，该制定的规则制定好，让企业家有用武之地。强调要更好地发挥政府作用，更多地从管理者转向服务者，为企业服务、为推动经济社会发展服务。我们全面深化改革就是要创新拓宽道路。如果说创新是中国发展的新引擎，那么改革就是必不可少的点火器。要采取更加有效的措施把创新引擎全速发动起来，我们致力于发挥创新驱动的原动力作用，更多支持创新型企业、充满活力的中小企业，促进传统产业改造升级，尽快形成新增长点和驱动力。

——全面深化改革，就是要推进高水平的对外开放。中国致力于构建开放型经济新体制，放宽市场准入，扩大服务业包括资本市场的对外开放，扩大内陆沿边开放；致力于建立发展创新、增长联动、利益融合的开放型亚太经济格局，推动在今年启动亚太自由贸易区进程，制定亚太经合组织推动实现亚太自由贸易区路线图；积极探索准入前国民待遇加负面清单的管理模式，为中国全面深化改革开放探索新途径、积累新经验。

——全面深化改革，就要增进人民福祉、促进社会公平正义。一切改革归根结底都是为了人民，是为了让老百姓过上好日子。要实行更加积极的就业和创业政策，推动人民收入持续提高。要建设更加公平可持续的社会保障制度，健全公共服务体系，创新社会治理体制。

总之，正在推行中的全面深化改革，既是对社会生产力的解放，也是对社会活力的解放，必将成为推动中国经济社会发展的强大动力。

（二）湖北经济新常态迫切需要进一步全面深化改革开放

新常态是经济发展规律作用下我国经济进入新阶段的自然表现。新常态的基本特点一是"新"，即新变化、新特征、新态势，需要我们以新思维积极把握；二是"常"，即将在一定时间内长期存在，需要我们主动适应，以新的状态适应。结合省情实际，湖北经济的新常态主要体现在以下五个方面。

1. 增速新常态

改革开放 30 多年间，湖北经济实现了高速增长。与全国相同，湖北经济正从高速增长转向中高速增长阶段，GDP 增速从 2010 年的 14.8% 逐年降至 2015 年的 7.9%，并呈现两个亮点：一是增速总体保持高于全国、高于东部，中部引领的态势；二是主要指标在全国逆势进位，呈现"弯道超越"的特征。

2. 结构新常态

近十年以来，湖北经济结构不断优化，尤其是先进制造业、高新技术产业、现代服务业比重明显提升，高耗能行业比重下降，区域经济呈现多点支撑、趋向协调的发展态势，发展气场增强。但与全国相同，湖北过度依靠投资、三大产业中过度依靠工业、收入分配上过度向资本倾斜等结构性矛盾突出。与此同时，湖北省经济还存在"三块短板"：区域结构上，武汉市"一城独大"，城市首位度之高全国少有，县域经济总体偏弱；产业结构上，服务业比重低于全国 8 个百分点，老工业基地改造和资源枯竭型城市转型任务重，国有企业比重偏大；需求结构上，经济外向度不高，低于全国 36 个百分点。这种发展模式已难以为继，打造经济升级版已成必然。

3. 动力新常态

全球化红利、人口红利、资源红利和低成本竞争力逐步削弱或消失，必须增强开放红利、人才红利、创新红利和核心竞争力，适应国际竞争新态势、新规则。对湖北而言，资金、土地等传统要素正进入"紧平衡"状态，能源对外依存度高、生态环境保护任务重等"短板"突出。通过制度创新，加快形成统一开放的大市场，拓展市场配置资源空间；加快体制机制创新，把科教优势转为创新优势，从而推动全要素生产率提高，成为湖北可持续增长的强劲动力。

4. 开放新常态

市场化程度、开放度偏低，目前仍然是湖北经济社会发展的"短板"。全面深化改革，积极扩大对内对外开放，强调主动布局，强调内外平衡，是增强湖北内生增长动力，解决经济领域深层次矛盾的必然要求。一是在对外贸易上由出口为主转向进出口并重，从货物贸易为主转向更加注重服务贸易；二是在国（省）际投资上由"引进来"为主转向"引进来"与"走出去"并重；三是在开放载体上，突破传统保税区、出口加工区，以自由贸易园（港）区为重点探索更高层次的对外开放；四是在地域上，由沿海开放为主转向沿海、内陆沿边开放并重，扩大内陆开放；五是积极主动参与国家战略，维护和发展开放型经济，从原来的被动接受者变为积极参与者和利益攸关者。

5. 调控新常态

经济增长速度的自然减速将考验社会的承受底线，结构调整必然带来旧有存量的牺牲和经济利益的重新调整，加之国际经济处于新旧秩序转移期，国内面临加快实现中国梦、打造经济升级版、全面建成小康社会等多重任务，湖北经济下行压力大、实体经济困难等长短期问题相互交织，"建成支点、走在前列"任务艰巨而紧迫，新常态下各种矛盾冲突和风险事件会更加频繁和多元化。因而，"宏观政策稳、微观政策活、社会政策兜底"，区间管理，定向调控，精准发力等成为湖北宏观调控的常态化思路和方式。建立稳增长、促改革、惠民生、防风险的行动框架，在制定战略、规划、政策时，更加注重机遇细分、区域细分、行业细分、政策细分，更加体现湖北省情实际和阶段性发展特征，既保持战略规划政策的连续性、稳定性，又增强灵活性、精准性、操作性势在必行。

（三）构建全方位对外开放新格局是湖北主动适应新常态的必然选择

进入新阶段，面对新常态，中央明确提出构建开放型经济新体制。十八届三中全会以来，与全面深化改革相伴而行的是中国新一轮的开放战略，上海自贸区建设、京津冀一体化、打造长江经济带、"一带一路"战略……新一轮开放战略不仅将进一步提升沿海开放水平，也是国家内陆开放的重大战略布局。

大战略带来大机遇。中央的重大战略部署使湖北进入新的重要战略机遇期，"丝绸之路经济带"对外开放战略拓展了湖北省的外部发展空间，"长江经济带"则在内部启动了经济社会发展的发动机。面对湖北五个新常态蕴含的机遇与挑战，科学认识新常态，主动适应新常态，以开放促改革、以开放倒逼改革，加速形成湖北连南贯北、承东启西的对外开放新格局，将湖北建设成为东西双向开放交会点，成为湖北促进经济跨越式发展、走在中部区域前列，早日实现"五个湖北"的宏伟蓝图的必然选择。

二 充分认识建设"丝绸之路经济带"国家战略赋予湖北的新机遇和湖北经济发展的新优势

（一）"丝绸之路经济带"建设凸显了湖北在新时期对外开放的重要地位

改革开放以来，湖北对外开放成效显著，以对外贸易为例，曾创造过多项全国第一。1980 年 8 月湖北省出口商品展销会在美国俄亥俄州哥伦布市举行，这是中国在美国举办的第一次展览；2015 年进出口额达 2838.4 亿元，同比增长 7.3%，增速高出全国平均 14.3 个百分点，位居全国第 6。但是，相对于全国对外贸易平均水平和对外贸易发达省份而言，湖北对外贸易发展水平还比较低，对外开放在高度、宽度和深度上都存在明显的差距。

"丝绸之路经济带"建设开启了"由东向西、由沿海向内地、沿大江大河和陆路交通干线、推进梯度发展"的新战略，开放布局正向内陆纵深推进。湖北"九省通衢"的区位优势、"承东启西、连南接北"的地理位置、"长江经济带"主干段的开放态势高度吻合。当丝绸之路遇上长江经济带，两大国家战略催生湖北改革开放的新机遇，湖北已经在国家战略层面上成了东西双向开放的战略交汇点、长江经济带与"丝绸之路经济带"建设协同创新的重要支点。

（二）"丝绸之路经济带"建设使湖北直接收获市场份额和开放红利

"丝绸之路经济带"源于"古丝绸之路"，东边牵着亚太经济圈，西边系着欧洲经济圈，是"世界上最长、最具有发展潜力的经济大走廊"。该经济带大部分国家处在两个引擎之间的"塌陷地带"，发展经济与追求美好生活是本地区国家与民众的普遍诉求。这方面的需求叠加两大经济引擎通联的需求，共同构筑了"丝绸之路经济带"的国际战略基础。

"丝绸之路经济带"国外段主要包括中亚五国。这些国家地处亚欧大陆腹地深处，远离海洋，绿洲农业较为发达，石油、天然气、煤炭、铁、铬、铜、铅锌等矿产资源十分丰富。经济属较典型的初级产品类型，即输出棉花、能源、金属等，输入工业制成品，人均生产总值稍高于亚洲平均值。而"丝绸之路经济带"国内沿线地区除四川、陕西、重庆外，也大多以倚重资源的初级产品形态为主。从资源禀赋和经济发展状况来看，湖北经济与沿线国家和地区，特别是中亚五国具有很强的互补性，这种互补性为湖北参与"丝绸之路经济带"建设、加强与沿线国家和地区的互联互通和产业合作提供了广阔的空间。

1. 资源互通：有利于提升湖北对外开放水平

中亚五国及西北的新疆等地资源丰富，而湖北矿产资源相对短缺。资源密集型国家要避免资源的诅咒，必须去发展除了资源以外的非资源行业，这就为我们通过贸易和投资促进各自经济得以更快发展、通过技术知识转移和传播提升产业结构以实现互利共赢奠定了基础。中亚五国在交通、电力、通信等基础设施方面比较薄弱，经济结构也很单一，而湖北在基础设施建设与促进经济结构多元化方面不仅积累了丰富经验，更拥有中铁大桥局、邮科院、烽火科技、长江通信等科研生产实力雄厚的机构或企业。湖北可通过增加对这些国家的基础设施建设投资,以及对这些国家的产业转移,促进其基础设施改善与经济结构调整,也有利于推动湖北对外投资增长和自身经济结构升级与经济增长方式转型。同时,中亚地区拥有丰富的油气资源,但基础设施和工业技术相对薄弱,而湖北乃至整个中国内陆对这些资源有大量需求。

2. 产业互利:有助于促进湖北产业结构升级

湖北已形成以电子信息、汽车、装备制造、食品加工、生物医药、钢铁冶金、石油化工、建筑建材等第二产业为主导的产业体系,其中茶叶、白酒两大产业独具特色,第三产业所占比重亦逐年上升,与以农牧业、资源型产业为主的"丝绸之路经济带"沿线国家、城市有较强的互补性(参见表1)。中亚各国目前正处于基础工业快速发展时期,对钢铁、水泥、矿产开发、汽车、通信、装备制造等湖北优势产业有着巨大的投资需求,中亚国家的地理位置以及广袤的土地亦有助于湖北光伏产品输出。湖北融入"丝绸之路经济带"建设,实施优势产业高端对接,不仅可帮助资源密集型国家破解资源诅咒、走可持续发展道路,更可在一定程度上有效化解自身过剩产能,促进产业结构升级。不仅如此,"丝绸之路经济带"的建设必然会带动第三产业的发展,促进湖北产业结构优化。

表1 "丝绸之路经济带"沿线国家和地区优势产业比较

省份/国家	优势产业
湖北	汽车、钢铁、石化、食品、电子信息、纺织、装备制造、生物医药
哈萨克斯坦	石油天然气开发、固体矿产资源开发、铀矿开采与加工、农牧业、交通运输
土库曼斯坦	石油天然气开发、纺织业、农牧业

续表

省份/国家	优势产业
吉尔吉斯斯坦	矿山（黄金）开采和加工、电力工业、农牧业、食品加工
乌兹别克斯坦	农牧业（棉花种植），石油天然气开发，铀矿开发，黄金、铜等有色金属开采和冶炼，机械制造业
塔吉克斯坦	水电开发、铝锭生产和加工、矿产开发、农牧业
四川	电子信息、装备制造、能源开发、油气化工、钒钛钢铁、饮料食品、现代中药
重庆	汽车摩托车、装备制造业、天然气石油化工、材料工业、电子信息产业、能源工业、轻纺劳动密集型产业
广西	食品加工、轻纺制鞋、生物医药、加工组装、家具制造
云南	生物产业、能源产业、新兴清洁载能产业、重化工产业
陕西	高新技术产业、林果业、畜牧业、能源化工、汽车、国防科技
甘肃	石油化工、有色冶金、装备制造、能源和新能源、特色农产品深加工产业
宁夏	冶金、医药、机电、建材、煤炭
青海	石油、电力、有色金属、盐化工
新疆	石油天然气、重化工产业、纺织和绿色食品、矿产资源产业、高科技产业、现代物流业

资料来源：湖北省经济和信息化工作委员会。

3. 市场互补：为湖北先进制造业提供了广阔市场

高速发展中的中亚国家对于中国的基础设施建设及机械设备等制造业产品有着巨大需求（详见"专题一"），而湖北的优势装备企业也有"走出去"的需求，这为双方的互利合作注入了强大的内生动力。近年来，湖北装备制造业认真贯彻省委省政府的决策部署，按照"竞进提质、效速兼取"的工作总要求，认真组织实施《关于加快全省装备制造业发展的行动方案》，认真抓好传统优势产业"提升行动"、高端装备制造"引领行动"、重大技术装备"集成行动"、战略性新兴产业装备"培育行动"和机械基础件"夯实行动"，产业升级取得了积极成效。而中亚各国当前正面临产业结构及工业结构的调整，大力实施进口替代战略，涉及进口生产线和零部件以及科技成果和人才，这将给湖北发展高端装备提供广阔的市场。

4. 文化互动：有助于夯实互利共赢的合作基础

经济发展必然与文化繁荣相辅相成。文化是贸易交流合作的第一壁垒，也是"丝绸之路经济带"发展首先要解决的重要问题。湖北作为文化教育大省，长期以来接纳各国人才交流学习，其中不乏中亚五国的留学生，哈萨克斯坦总理马西莫夫就曾在武汉大学留学三年。我省可优先发展文化、旅游交流，积极了解各国文化，从而为经贸交流打开文化壁垒。

与此同时，人民币国际化的持续推进为未来湖北与中亚诸国贸易投资的快速发展奠定了基础（详见"专题四"），特别是基于突破西方制裁封锁等各种原因，俄罗斯对人民币计价结算的接受度进一步提高，必将对与其一衣带水且曾为一体的中亚诸国产生重要而深远的影响。

（三）改革开放以来，湖北逐步形成了向西开放的独特优势

1. 地理区位上：东西双向开放战略交汇点的定位

湖北地处华中之中，承东启西、连南贯北，省会武汉素有"九省通衢"的美誉，交通运输、邮电通信等基础设施日臻完善。汉新欧及通过郑州、重庆、成都对接郑新欧、渝新欧、蓉新欧，京广线、汉丹线、西宁线三线交会奠定了武汉全国重要铁路枢纽的地位，保宜、京珠、汉十、随岳高速公路与107、316、312国道贯通全境，武汉新港、荆江组合港、三峡枢纽港与长江黄金水道相配合，使得武汉坐拥"铁水联运、江海直达"的综合交通优势，有力地支持了经济发展。

在国家新一轮开放战略的地理版图中，湖北省作为"长江经济带"的中心地区之一，又分别与"丝绸之路经济带"西北、西南两条线的起点地区陕西省、重庆市接壤，在保证经长江将商品运往东南沿海地区，再经太平洋通过海运把商品销往欧美的江海联运模式以外，还能够通过陆地打开欧洲贸易的大门。西北方向上经陕西、甘肃等地区至新疆，可进入亚欧大陆桥腹地，西南方则借道重庆、四川至云南，进入孟中印缅经济走廊，此外，还可联合湖南长沙对接广西，借助北部湾开发、中国东盟合作等机制，进入东南亚市场。一肩挑"两带"，极大扩展湖北省的贸易版图，为湖北经济提供了新的引擎。

2. 产业布局上：中亚国家发展亟须的第二产业极具竞争力

湖北产业体系门类逐步齐全、布局逐步合理。（1）农业基础地位日益增强，农产品供给能力稳步提高。2015 年湖北省粮食产量突破 540 亿斤，比历史最高年份 1997 年高出 13.78 亿斤，实现"十二连增"，取得历史性突破；水稻、油菜、蔬菜、生猪、水产品等多种农产品产量位居全国前列；食用菌、蜂蜜、鸡蛋、淡水小龙虾、河蟹等农产品出口位居全国前列。其中，湖北油菜籽、淡水产品产量连续 20 年保持全国第一位。（2）工业生产能力迅速提高，新型工业化加快推进。2015 年，全省全部工业增加值11532.63 亿元，增长 8.5%。制造业增长 9.5%，快于规上工业0.9 个百分点。高技术制造业增长 12.5%，快于规上工业 3.9 个百分点，占规模以上工业增加值的比重达 8.0%，对规上工业增长的贡献率达 10.9%。全年规上工业完成销售产值44123.2 亿元，增长 7.6%。产品销售率为 97.3%，实现出口交货值 1931.2 亿元，增长 8.7%。全省千亿元产业增加到 17 个，较上年增加 3 个。全年规上工业企业实现利润 2233.09 亿元，增长 2.1%。（3）第三产业不断发展，日益成为经济增长的新引擎。金融、信息、物流、电子商务等现代服务业保持良好发展势头，对经济社会发展的支撑和带动作用增强。

2015 年，湖北省三次产业结构加快向更优形态演进；千亿元以上产业由 7 个增加到 17 个，五大支柱产业加快向万亿元迈进；武汉进入 GDP 万亿元俱乐部，宜昌、襄阳双双超过 3300 亿元，过千亿元的市由 3 个增加到 10 个；新的增长动力加快孕育生成，新产业、新业态、新模式、新技术蓬勃发展，电子商务交易额突破万亿元，居中部第一位。2015 年，湖北三次产业结构为 11.2∶45.7∶43.1，以武钢、鄂钢、冶钢为主体的钢铁产业群，东风、富康、三环等汽车及零部件制造龙头企业以及武汉及周边汽车零部件"环状"聚集区、"十襄随"汽车零部件"带状"聚集区和"荆荆宜"汽车零部件"三角状"聚集区，以光电子信息产业为主导，能源环保、生物工程与新医药、机电一体化、高科技农业竞相发展的"中国光谷"，华新水泥、葛洲坝水泥、三峡新材、长利玻璃、武汉明达、荆州亿钧等建材企业，当阳建筑陶瓷工业园、宜都卫生陶瓷工业园、通山大理石、鄂州金刚石刀具、黄冈工业窑炉等产业集群，以及中建三局、中铁大桥局、中铁十一局、中交二航局等大型骨干建筑企业，科技水平和研发能力在全国处于领先地位。上述优势行业必将是支撑湖北"走出去"战略成功实施的基石。

3. 对外劳务合作上："西进"经验比较丰富且氛围业已形成

目前，湖北初步形成了全方位、宽领域、多层次的对外开放格局，在对外承包工程、对外劳务合作、对外设计咨询方面积累了丰富经验。2015 年，湖北对外承包工程新签合同额 114.5 亿美元，完成营业额 52.3 亿美元，新签合同额和完成营业额连续 3 年分别保持在 100 亿美元和 50 亿美元以上的高位，其中新签合同额居全国第三位，完成营业额居全国第七位，"走出去"足迹遍布全球 120 余个国家和地区。从产业类别来看，电力、交通等行业优势明显，农业、境外资源开发成为亮点。

湖北省省会武汉更是国家服务外包示范城市。湖北省委省政府高度重视参与"丝绸之路经济带"建设，在积极开展密集调研、探讨实施规划的同时，组织了湖北·哈萨克斯坦经贸投资推介会、万里茶道·阿拉木图——湖北羊楼洞青砖茶品鉴会，成立了湖北国际合作（中亚）工作站，促进大冶有色、炎帝科技、咸宁羊楼洞、华坤工贸、湖北中青旅等骨干企业与哈萨克斯坦有关企业的合作。加之前期湖北能源、宜化、兴发等企业已率先向西拓展生产基地，东风汽车、洁丽雅、安琪酵母等也建立了加工基地，武钢、烽火科技、葛洲坝工程局等已将产业、技术和服务打入西向市场，这些企业的先行先试，无疑为有助于进一步提升参与"丝绸之路经济带"建设的深度与广度。

4. 人力资源配置上：科教、科研实力雄厚

湖北现有普通高等学校 123 所，各类科学研究和开发机构 1500 多个，建有国家实验室 1 个，国家重点实验室 19 个，国家工程研究中心 16 个，省级重点实验室 127 个，省级工程技术研究中心 211 个，省级以上科技型企业孵化器 49 个，各类生产力促进中心 108 个，国家级高新技术产业化基地 11 个。高新技术产业发展强劲，2015 年全省高新技术产业完成增加值 5028.94 亿元。其中，"四上"高新技术产业（下同）完成增加值 4946.79 亿元，增长 10.9%。全年全省高新技术制造业完成增加值 4337.75 亿元，增长 12.0%，快于同期规模以上工业增速 3.4 个百分点。全省高新技术服务业完成增加值 609.04 亿元，增长 3.8%。另外，湖北有 7 个

国家级高新技术区，120家省级开发区，形成了一批各具特色的产业基地。

三　直面深度融入"丝绸之路经济带"的新挑战，切实厘清湖北鼓励企业走出去的总体思路

（一）"丝绸之路经济带"建设使湖北企业竞争力和外向性面临巨大挑战

1. 政治矛盾与社会动荡隐忧

从全球层面来看，"丝绸之路经济带"的建设对美国谋求世界霸权地位带来了挑战，不排除美国会在一定时期对"丝绸之路经济带"建设设置障碍。巨大的资源价值和地缘价值使丝绸之路沿线的中亚地区渐趋成为大国利益和国际资本激烈角逐的核心地带，加之中亚里海地区历来是多个文明交汇地带，民族众多、信仰不一，被视为"种族的大熔炉"和"欧亚大陆的巴尔干"，可能会对中国在这一区域大市场的能源合作、通道建设、经济份额以及安全利益构成威胁，继而影响湖北与这些地区的经贸往来和投资合作。

2. 跨区域协作难度较大

中亚各国处于向市场经济和后工业社会演进的转型阶段，且经济规模差别很大，教育程度不均（详见"专题一"）。中亚各国发展趋向于依赖自然资源禀赋，而非通过工业化来累积知识、技术和人力资源等，继而难以实现后续的产业升级和社会转型。一旦自然资源陷入枯竭，该地区的可持续发展问题就会凸显，并容易引发更为复杂的政治矛盾和社会动荡。加之中亚各国技术标准不一，管理体制、政策制度、法律法规经常随意变更以及对外政

策缺乏连贯性和一致性，这使得地区贸易与投资便利性不高、规范和协调方面合作难度较大。除此之外，缺乏合理的货币结算方式和场所等问题是跨地区经贸合作最迫切、最难解决的问题。中亚国家的边境基础设施老化和不足、物流成本及壁垒较高、资金短缺、铁路轨距不符合国际标准及海关效率等对发展跨区域贸易合作也形成严重制约。

3. 物流基础薄弱加大地理距离引致的交易成本和商务成本

"丝绸之路经济带"具备广阔的资源开放空间，但从目前情况来看，整个西部地区基础设施体系没有建立起来，人们居住较为分散、城市规模不大、人才资源不足，从而限制了湖北在更大程度和更高水平上参与"丝绸之路经济带"建设。尽管湖北位居中部之中，处于国内市场枢纽、扩大内需前沿位置，但"汉新欧"因为种种原因尚未实现常态化运营，以长江干流为主的综合交通走廊亦未形成，与大规模开放的需求还有较大差距，物流基础设施不足，这成为湖北参与"丝绸之路经济带"建设的制约因素。

4. 各省域争夺"经济带"开放红利，易诱发恶性竞争

目前，"丝绸之路经济带"沿线各省竞相出台建设方案并积极争取国家优惠政策，已呈群雄逐鹿之势。如果陷入各自为战的局面，可能会在一定程度上引发无序竞争甚至恶性竞争（参见表2、"专题二"）。例如，在享有国家众多优惠政策的同时，陕西、甘肃、云南、贵州等多省份均瞄准与中亚国家的能源合作，产业布局有某种程度的趋同；再如，"丝绸之路经济带"的铁路运输大动脉——渝新欧、汉新欧、郑欧国际，3条"新丝绸之路"国际货运专列线路高度重合、竞争激烈——都是西出新疆阿拉山口，途径哈萨克斯坦、俄罗斯、白俄罗斯、波兰，以捷克或德国为终点，八成以上的线路完全重合。

表2 "丝绸之路经济带"沿线省区市战略思路及具体举措对比

省区/市	战略思路	具体举措
新疆	建设"丝绸之路经济带""五大中心",即重要的交通枢纽中心、商贸物流中心、金融中心、文化科技中心、医疗服务中心,成为"丝绸之路经济带"上的核心区	两大政策着力点:一是加快国家能源资源陆上大通道建设,保障国家能源资源安全;二是落实差别化产业政策,建设东联西出的能源资源加工基地。未来新疆将加快"国家大型油气生产加工和储备基地、大型煤炭煤电煤化工基地、大型风电基地和国家能源资源陆上大通道"建设,形成比较优势明显的能源密集型产业承接转移聚集区和进口资源加工区,为我国提供多元、安全、稳定、可靠的能源资源,完善我国能源资源安全保障体系
宁夏	以建设"丝绸之路经济带"的重要基地为目标,进一步借鉴上海自贸区等开放模式,在提高引进外资水平、推进中阿贸易自由、能源合作等方面进行有益探索,增强内陆开放新优势	确定以旅游为抓手积极融入"丝绸之路经济带",提出"123"重点任务:"1"是构筑中阿博览会战略平台;"2"是打造中阿空中丝绸之路和中阿网上丝绸之路两条纽带;"3"是建设中阿人文交流合作示范区、中阿贸易投资便利化示范区和中阿金融合作示范区三个关键载体
甘肃	建设"丝绸之路经济带"的黄金段,将着力实施道路互联互通工程,进一步提升承东启西、南拓北展的综合交通运输能力,着力提升新亚欧大陆桥甘肃段的通达能力及交通枢纽的作用,为推进"丝绸之路经济带"建设提供有力的交通运输支撑	充分发挥甘肃省的地理区位、历史文化、能源资源和产业基础等优势,紧紧围绕建设"丝绸之路经济带"甘肃黄金段,着力构建兰州新区、敦煌国际文化旅游名城和"中国丝绸之路博览会"三大战略平台,重点推进道路互联互通、经贸技术交流、产业对接合作、经济新增长极、人文交流合作、战略平台建设等六大工程,进一步提升兰(州)白(银)、酒(泉)嘉(峪关)、金(昌)武(威)、平(凉)庆(阳)、天水、定西、张掖、敦煌等重要节点城市的支撑能力,努力把甘肃建设成为丝绸之路的黄金通道向西开放的战略平台、经贸物流的区域中心、产业合作的示范基地、人文交流的桥梁纽带

省区/市	战略思路	具体举措
陕西	打造"丝绸之路经济带"新起点,建设内陆改革开放高地。着力推进"五个新起点":交通物流新起点、科技创新新起点、产业合作新起点、文化旅游新起点、金融合作新起点	抓住国家向西开放的战略机遇,按照"政策沟通、道路联通、贸易畅通、货币流通、民心相通"的要求,坚持立足当前、着眼长远,优势互补、特色发展,开放带动、合作共赢,政府引导、市场主体,以建设西安国际化大都市为核心,以构建欧亚立体大通道为基础,以建立交流平台和健全合作机制为保障,以文化旅游合作为先导,以商贸物流、先进制造、科技教育、现代农业等领域为重点,加强与中亚各国全方位合作,全面提升对外开放水平,加快建设"丝绸之路经济带"新起点
青海	以点线面结合、近中远结合、经济贸易生态文化结合的原则和"五通"要求,发挥区域比较优势,优化顶层设计,加大开放力度,积极融入"丝绸之路经济带"建设,努力把青海建设成为"丝绸之路经济带"的战略通道	一是发挥青海资源优势,奋力打造高原特色循环经济体系。延伸盐湖化工、煤化工、有色金属及加工、油气化工等特色产业链,将柴达木循环经济区打造成为国家级的新型工业基地,大力推动新能源、新材料、特色农牧产品、生物医药等绿色产业发展,积极承接东部地区装备制造、消费电子、特色纺织等产业转移,深入挖掘丝绸之路文化旅游内涵,不断提升现代服务业发展水平。 二是深化区域经济合作,共同建设"向西开放"的经贸共同体。 三是争取国家政策支持,不断完善丝绸之路战略通道。 四是创新对外开放的体制机制,推动内陆开放取得新突破。完善组织领导体制,探索建立跨部门协调机制。深化境外投资管理体制改革,加大"走出去"力度,推动与中亚国家的劳务合作。积极探索新的园区管理模式,支持无水港码头、保税区建设,加快试点经验的推广。申报一批国家级外贸转型升级示范基地,培育一批特色鲜明的向西出口基地。强化激励机制,积极引进一批具有国际经验的高端复合人才

续表

省区/市	战略思路	具体举措
重庆	着力发挥两江新区、"渝新欧"大通道和"渝洽会"三大战略平台功能,重点推进道路互联互通、经贸技术交流、产业对接合作、经济新增长极、人文交流合作、战略平台建设等六大工程,结合欧亚地区各国经济结构、产业优势及资源禀赋,充分利用国际、国内"两个市场、两种资源",加快建成辐射带动"丝绸之路经济带"的综合物流枢纽、西向开放门户和重要的产业技术和服务贸易基地	加速形成连接"两带"的战略枢纽。全方位深化和扩大区域流域合作,推动成渝经济区域城市群建设,加强与长江中游城市群、"长三角"地区和西部相关省区的合作,借助"渝新欧"等国际物流通道打造现代物流产业集群,利用长江"黄金水道"建设以寸滩港为核心的多式联运物流枢纽,构建沿海、沿江、沿边全方位开放新格局。 切实推进与"丝绸之路经济带"沿线城市在经济、贸易、能源、金融、农业、基础设施、公共事务等领域的务实合作,加快出口基地建设。同时,推进区域国际通信业务出入口建设,开通中西亚数据业务,扶持电子商务企业发展,推进跨境电子商务;加快沿线重要节点城市的基础设施及互联互通建设,打造服务亚欧、连接"两带"、走向南亚东南亚的现代物流基地。 加快内陆开放步伐。依托"渝新欧"大通道和长江"黄金水道",切实发挥航交所功能,加快建成西南地区重要交通枢纽和长江上游航运中心,加速完善都市功能核心区、都市功能拓展区和城市发展新区的综合路网,构建水、铁、陆、空一体化的国家中心城市综合交通运输体系。争取各类特设口岸,打造现代物流产业集群,大力发展服务贸易,抓好抓实跨境电子商务、保税商品展示交易、"渝新欧"铁路口岸建设运行、互联网云计算大数据产业、跨境结算和投融资便利化"五大专项工作",全面提升各类市场、要素的活力和聚散能力。 积极开展"丝绸之路经济带"沿线国家城市的文化、教育、科技、旅游等方面的交流合作。加快与沿线各国城市签署旅游合作联盟协议,共建"丝绸之路旅游走廊",推动"丝绸之路经济带"人文、旅游资源合作向纵深拓展
四川	长江上游衔接"一带一路"的国际战略枢纽	依托四川在西部和全国的市场、区位、特征和产业四大比较优势,可确立为"两个中心""两地"的开放定位,

续表

省区/市	战略思路	具体举措
四川		即依托四川市场在西部的规模和辐射优势,明确为拓展西部的市场中心;依托四川衔接"两带一路"的区位优势,建设沟通西向南向开放的枢纽中心;依托四川产业在西部的比较优势,打造西部沿边开放的产业腹地;依托四川省情在全国和内陆的普适性优势,争创内陆开放改革的实验阵地。发挥四川作为西部地区经济总量最大、产业门类最全、辐射市场最广的省份,在物流、金融、产业、科技等方面,工业产品种类齐全,要素总量大且配套能力强,既能与具有初级产品制造优势的东南亚国家形成互补,又能与西部各省市区和中亚国家的资源优势互补,也能与制造业和科技发达的欧洲经济互补的比较优势和相对影响,承接"丝绸之路经济带"南部走廊的核心枢纽作用
云南	"一带一路"建设中连接交会的战略支点	一是加快推进桥头堡建设,发挥"一带一路"建设重要门户作用。加强政策沟通、道路联通、贸易畅通、货币流通、民心相通,加快与周边国家互联互通步伐。 二是打造大湄公河次区域合作升级版,发挥好"一带一路"建设区域合作高地作用。加快完善区域合作机制,力争在更高层面、更大范围内发挥合作潜力,取得更大的合作效益。 三是推进孟中印缅经济合作,发挥好"一带一路"建设睦邻外交战略通道作用。推进孟中印缅经济走廊建设,开拓新的战略通道和战略空间。 四是着力提升沿边开放步伐,发挥"一带一路"建设先行先试区作用。以孟中印缅经济走廊(BCIM)、大湄公河次区域合作(GMS)为重要抓手,以重铸南方丝绸之路、推进互联互通为重点内容,以多边双边合作项目为基本载体,推动投资贸易、产业发展、能源合作和人文交流,把云南建设成为通往印度洋的战略通道,连接交会"一带一路"的战略支点,"和谐周边"示范区,"丝绸之路经济带"的重要增长极
广西	发挥独特的区位优势和作用,坚持海陆统	一是构建面向东盟的互联互通大通道。其重点是:加快与东盟47个港口的互联互通;打通南宁至新加坡

续表

省区/市	战略思路	具体举措
广西	筹和内外结合,努力把广西建设成为21世纪海上丝绸之路的新门户和新枢纽	的经济走廊,更加完善中国的西南和中南地区以及粤港澳通过广西连通中南半岛的陆路大通道;形成东盟与中国之间海陆空立体互联互通的大格局。 二是要构建海上丝绸之路的临港产业带,如中马钦州产业园区、马中关丹产业园区,形成两国双园的国际产业园区的合作模式,促进双方的产业与投资,有利于打造跨国产业链。 三是构建海上丝绸之路的商贸物流基地,积极打造中国—东盟商品交易中心,建设大型专业市场和物流园区,实施电商思路。 四是构建沿边金融综合改革试验区。以跨境金融业务创新为主线,探索资本项目人民币可兑换的多种途径,鼓励东盟金融机构将境外人民币以贷款方式投资到试验区。支持有资质的机构到东盟国家发行人民币债券,探索推进中国与东盟国家支付、清算的一体化建设,设立中国东盟股权交易中心,从而建立与海上丝绸之路相适应的现代金融开放型的合作平台。 五是构建海上丝绸之路的人文交流圈,积极推进在教育、文化、旅游、科技等领域与东盟的合作。落实中国与东盟"双10万"的学生流动计划,同时,广西与东盟一共建立了38对友好城市,打造海上旅游圈,举办传统文化的交流活动,促进人文相亲
贵州	"丝绸之路经济带"和21世纪海上丝绸之路("一带一路")的重要节点地区	全国重要的能源基地、资源深加工基地、特色轻工业基地、以航空航天为重点的装备制造基地和西南重要陆路交通枢纽。大力实施优势资源转化战略,构建特色鲜明、结构合理、功能配套、竞争力强的现代产业体系,建设对内对外大通道,打造西部地区重要的经济增长极

资料来源:湖北省经济和信息化工作委员会。

(二) 湖北企业发展尚存在一些软肋

1. 发展的"软"环境亟待改善

湖北在发展软环境方面还比较滞后。一是开放意识不足。发达国家和地区的经验表明：大开放，大发展；越开放，越发展。我省地处内陆，发展不够加上开放不足是省情最大的实际，必须进一步扩大对内对外开放，以开放促发展、促改革、促创新。二是政府管理和服务有待改善。行政审批制度改革不够，与发达省份相比，行政审批事项多、手续复杂。一些部门"人难找、事难办、脸难看"的"三难"现象仍然突出，"乱收费、乱摊派、乱罚款"的"三乱"问题屡禁不止，不同程度地损害了湖北的形象和长远利益。三是市场化经济体制发育不健全。由于历史的原因，湖北国有经济占比较高，政府对企业和市场的干预较多，市场配置资源的效率亟待提高。创业氛围和环境不优，市场主体不多、不大、不强。中介服务业发展不完善，还不能满足市场对中介服务的需求。四是人文环境有待完善。湖北是文化大省，荆楚文化内涵丰富、优秀灿烂，但也存在君子固穷、小富即安的"内陆意识"，"一锤子买卖"的"码头文化"，以及重眼前、轻长远的"小聪明"，不利于创新创业和亲商悦商。

2. 产业结构与资源配置匹配程度不高

产业结构是资源配置的具体载体，产业结构优化要充分体现区域资源禀赋特征。产业结构调整合理化主要标志是与地区的资源结构相匹配，能够较为充分地利用各种资源和发挥相应优势，保证资源不断被投入效益最高的产业中去，有利于资源保护与环境保护、有利于可持续发展。湖北现行的产业结构不尽合理主要表现在：充分利用各种资源和发挥资源比较优势还不够，不能适应国内外市场需求的变化，导致当前供需结构性失衡，过剩与短缺并存。产业的合理化程度不高，致使能源资源约束长期化。在向东开放的格局下，来自发达地区高端产业、高端产品、高端体制和高端模式的压力强大，湖北难以有效缓解这些约束。在扩大向西开放的背景下，湖北在调整产业结构、推进产业升级，以实现资源配置与产业发展匹配方面有更强的竞争力和更大、更为灵活的空间。

3. 经济外向性程度比较低，对外贸易制约因素多

湖北对外贸易逆差较大，经济发展水平比较落后，经济发展模式处于基本内向型运行格局。（1）2015 年湖北省进出口总额位列全国第 15 名，在四川、重庆、广西等中西部省市之后。（2）湖北省对外贸易依存度低，2015 年仅为 9.61%。（3）外贸企业实力不强。截至 2015 年底，湖北省进行了对外贸易经营者备案登记的企业超过 1 家，但有出口实绩的企业仅 3815 家；其中，出口值排名前 20 位的企业共出口 690.6 亿元，占全省出口总值的 38%。（4）进出口市场主要集中于欧美和日本，多元化程度低。不仅如此，湖北还缺乏适应内陆开放、向中亚开放的各类人才，能了解中亚地区文化、语言及经贸状况的人才存在很大缺口，从而形成了湖北融入"丝绸之路经济带"建设的人才制约。

（三）鼓励湖北企业走出去需要创新思路

湖北参与"丝绸之路经济带"建设应紧紧围绕立足自身实际，统筹省内发展与对外开放，注重把加快国际区域合作与转变省内经济增长方式相结合、与经济结构战略性调整相结合、与提高企业国际竞争力相结合，坚持以企业为主体，以市场为导向，以促进优势产业发展为重点，积极培育以技术、品牌、质量、服务为核心竞争力的新优势，鼓励有条件的企业"走出去"，全方位、宽领域、多层次参与"丝绸之路经济带"区域经贸合作，更好地利用国际国内两大市场、两种资源，促进外向型经济加速发展，推动湖北省社会经济可持续发展。

1. 确立一个基点：打造"东西双向开放的战略交汇点"

根据"丝绸之路经济带"建设的总体部署，抓住国家扩大向西开放的战略机遇，按照"政策沟通、道路联通、贸易畅通、货币流通、民心相通"的总体要求，遵循"政府引导、企业主导、贸易先行、投资跟进"的基本原则，结合湖北区域的资源条件和产业优势，加强宏观规划、政策支持、产业定位和指导服务，以建设武汉国家中心城市为核心，以构建欧亚立体大通道为基础，以建立交流平台和健全合作机制为保障，以文化旅游合作为先导，以商贸物流、先进制造、科技教育、现代农业等领域为重点，发挥市场配置资源的基础性作用，加强与"丝绸之路经济带"沿线地区和国家的全方位合作。

通过高效的服务、优惠的政策、合理的引导，加快湖北企业"走出去"步伐，实现湖北外向型经济超常发展，将湖北打造成"东西双向开放的战略交汇点"、长江经济带与"丝绸之路经济带"协同创新的重要支点，形成"双翼助力促腾飞"的开放谋发展局面。

2. 明确三大目标：服务经济转型、产业升级、速度换挡总目标

在新的开放格局以及经济新常态的背景下，抓住建设"丝绸之路经济带"的战略机遇，加大湖北企业"走出去"的深度和广度，坚持绿色发展和多元支撑，坚持开放共赢和普惠共享，在拓展经贸往来、优化产业布局的基础上，提高创新能力，有效提升湖北在全国的开放度排名，打造湖北经济增长的新高地。到2020年，基本实现湖北"丝绸之路经济带"上承东启西、连南贯北国家战略支点和内陆开放国家战略枢纽的定位，实现经济转型、产业升级、速度换挡的战略目标。

经济转型——推进增长方式由粗放型向集约型转变，生产方式由高耗低效向低耗高效转变，产业链由低端扩张向高端延伸转变。

产业升级——促进特色产业扩大规模绿色发展、新兴产业争先进位跨越发展、传统产业改造升级优化发展。

速度换挡——放弃经济增长的高速度、适应经济新常态下的平稳增长。

具体目标主要包括：

——到 2016 年，湖北与中亚西亚国家进出口总额占全省外贸进出口总值的 20% 以上；到 2020 年，湖北对外贸易依存度接近全国平均水平。

——培植 10 个具有国际竞争力的跨国企业和知名品牌，建成 10 个优势特色突出的循环经济产业链，建设 10 个面向中亚西亚及欧洲市场的生产基地、加工贸易基地。

——建成一批综合保税区、保税物流中心、保税工厂（保税仓库）等海关特殊监管区。加快申报建设武汉自由贸易试验区，建设以武汉新港为主体的国内综合运输中转集散基地，形成向西开放的物流基地。

——加快武汉建设服务于西部、面向中西亚的区域性金融中心步伐，进一步提升武汉城市圈、宜昌、十堰、荆州等城市群的产业支撑能力，促进产业聚集发展，发挥区域辐射带动作用。

——促进湖北优势产业高端对接"丝绸之路经济带"沿线国家及地区，全省产业对接资金到位额年均增长 20%，积极筹办向西开放招商平台。

3. 协调六个关系：连接改革开放的各项重点工作

一是向东开放和向西开放的关系。在科学研判向东开放进程中湖北的得与失基础上，进一步确立向西开放的重点和突破口。改革开放以来，我们基本秉承了向东开放的基本思路，对于湖北来讲向东开放是对外开放的基础。"丝绸之路经济带"建设的战略构想开启了向西开放的新大幕，向西开放是湖北对外开放的新征程。一方面，向东开放的基础要进一步夯实，程度进一步提升；另一方面，向西开放要抢抓机遇，长远谋划。

二是"十二五"规划和"十三五"规划的关系。检测、评估"十二五"规划并据以部署和编制"十三五"规划，是确保实现湖北企业向西开放目标实现的重要政府行为与历史责任。"十二五"规划将于2015年结束，"十三五"规划即将着手编制，为了保持政策的连贯性，"十三五"规划既要延续"十二五"规划的基本思路，又应充分考虑我国东西双向开放的新格局以及经济增长的新常态现实背景，进行适当的调整和补缺。

三是政府与市场关系。充分体现市场在加快湖北企业走出去中的决定性作用，在此基础上更好发挥政府有效引导的作用。政府仍须营造稳定的市场环境，强化保障市场良好运行所需的各项制度，培养人力资本以适应技术进步及产业升级的要求，更加突出政府在基础设施建设、生态环境保护、社会管理、产业发展、资源利用和对外合作方面的组织、协调作用。

四是产业和企业的关系。要根据湖北自身的优势和产业基础，统一规划传统产业、新兴产业和特色产业的基本运行态势，并制定相应的产业引导政策，更多鼓励企业制定适合自身特点的发展策略，形成企业自主决策、相互竞争的局面。政府需要根据湖北的比较优势和产业基础，科学规划传统产业、新兴产业和特色产业的发展愿景，制定相应的产业政策，培育、扶植骨干外向型企业，提高其国际化经营能力，帮助更多的企业实现由省内优势到国内优势、由贸易优势向对外投资优势的转变。

五是湖北与"丝绸之路经济带"国内段的关系。湖北与国内段各省区在"丝绸之路经济带"建设中既是竞争者，又是合作者。在加强与沿线各省区经贸往来的同时，要务实推进区域合作，加快同周边地区基础设施互联互通建设，发挥各自比较优势，实现产业、基础设施、人员等多方面的跨省区经济联动，形成全方位交流合作。

六是"走出去"与"引进来"的关系。选择双向开放和非对称发展的策略，在前期湖北"引进来"为先导所确立的比较优势下，独立走出去，实现更大范围的对外开放。近期主要是鼓励企业"走出去"利用好西部、中西亚各国资源，进一步开拓国内和国际市场。政府主动为企业"走出去"和吸引"丝绸之路经济带"国家及地区来湖北开展贸易、投资活动搭建互利共赢的交流合作平台。

四　贸易牵引、产业推动、企业跟进、金融助力，最大化"丝绸之路经济带"开放红利

（一）多管齐下，繁荣湖北与"丝绸之路经济带"的商贸往来

1. 以展会为抓手，提升双边贸易品质

充分利用亚欧博览会、西博会、兰洽会、哈萨克中国商品展、阿拉伯国家博览会等经贸交流平台，帮助湖北企业寻找更多商机。主办好华创会、中部文化产业博览会、汽车博览会、机博会等定点武汉的博览会，改进活动方式，把组织大型活动与采取小分队专业招商、专业化招商、一对一洽谈结合起来。发挥湖北在钢铁、石化、汽车、食品、机电和制造、高新技术产品等方面的比较优势，积极组织我省企业参展办展，大力开拓中亚市场，扩大我省优势产品出口。积极发展服务贸易，推动服务贸易和货物贸易协调发展。鼓励企业大力发展跨境电子商务，推动主要企业在经济带沿线交通枢纽建立仓储物流基地和分拨中心，进一步完善区域营销网络。

2. 以需求为导向，促进矿产资源合作开发

"丝绸之路经济带"相关国家矿产资源储量可观，而湖北人均矿产资源占有量低，供求矛盾突出。在矿产资源开发合作方面，湖北已有一批具备比较优势的设计咨询和工程企业，如十五冶、大冶有色、中冶武勘等，特别是大冶有色通过新疆子公司已经在吉尔吉斯斯坦投资了矿产开发项目。因此，要把我省矿产资源开发优势与中亚各国实际结合，鼓励、引导、支持有条件企业发挥比较优势，赴相关国家开展矿产资源开发合作，构建一批境外资源供给基地。

3. 以传统优势为基础，提高对外承揽质量

湖北对外承包工程企业具备一定实力，多年来，在中亚市场业绩显著。要充分利用"丝绸之路经济带"相关国家基础设施建设大量需求，鼓励和引导具备实力和条件的大型对外承包工程企业探索采用以 BOT（建设—经营—移交）、PPP（公私合营）等投融资方式承揽境外大型电力工程和大型基建工程、工业、通信、矿产资源项目，适时采取以"工程换资源"等多种方式合作开发。以实现资金、技术、设备等生产力要素的自由合理配置为原则，以实力型企业为核心，以重大项目为纽带，跨行业打造湖北对外承包工程企业的联合舰队，采取多种推介方式，将"湖北建筑"整体推向"丝绸之路经济带"相关国家工程市场，承揽"丝绸之路经济带"区域内附加值高、影响大的交通、能源、通信等工程，增强带动大型成套设备、大型装备和相关材料出口的能力。

4. 以活动为平台，推动双边洽谈合作机制常态化

加强与"丝绸之路经济带"相关国家驻外经商机构、中资企业商协会及外方投资促进机构的紧密联系，充分发挥各方在信息、资源和政策等方面的优势，推动建立与其联系合作的常态机制，积极搭建平台举办多种形式的对接合作活动，引导湖北企业开拓当地市场。同时,我们也要充分发挥省领导出访带动效应,结合当地实际,有针对性地举办经贸推介洽谈活动,寻求与"丝绸之路经济带"沿线各国的经贸合作机会。

(二)点轴结合,沿"汉新欧"国际货运班列推进产业网络化布局

"经济带"是一种依托交通干线和主要河流形成的、以中心城市的城镇密集区为战略支点、具有综合性经济聚集功能和辐射带动功能的条带性区域增长极。故宜以"汉新欧"国际货运班列为轴,选取具有比较优势的产业,依托核心城市或城市群形成增长极,通过交通网络将之连接成线,开成"点轴"系统,推进贸易投资便利化及沿线国家和地区的自由贸易区建设,为湖北在"丝绸之路经济带"的产业网络布局奠定基础。

在融入"丝绸之路经济带"建设中,应发挥比较优势,注重与"丝绸之路经济带"周边国家和地区的产业互补,立足资源禀赋,发挥双方比较优势,建立利益共享机制,把加快发展特色优势产业和战略性新兴产业作为优化产业结构的主攻方向。

1. 以产业结构升级为主线,打造三次产业协调西进的格局

实现产业结构升级是湖北自身发展的迫切需要,也是增强与周边国家和地区的经济互补性、参与"丝绸之路经济带"合作的目的所在。要根据丝绸之路沿线国家产业特点和市场需求,实施湖北境外投资"双重工程",加快推进传统产业结构调整与优化升级,引导产业向创新驱动型、绿色经济型、智能融合型、生产服务型等经济转型,提高产业集约化、品牌化、信息化、绿色化、集群化发展水平,增强产业竞争力、可持续性和关联带动能力。

一是重视相关产品、产业领域合作,对于湖北与中亚国家同构同质的产品(如能源、石化),可通过提供服务的方式寻求合

作，对于有特色的差异性产品，如民用装备制造、轻工产品，可以通过发展贸易的方式进行合作。二是加强投资领域合作，采取资本输出、产品进口的合作模式，这既符合湖北生态环境问题突出、发展资源型加工制造业的环境容量有限等省情，也有利于推进中亚国家工业化发展。三是要增进服务领域合作，为"丝绸之路经济带"沿线国家提供贸易服务、金融服务、科技服务、外事领事服务等。如建立能源交易服务中心、"丝绸之路经济带"光伏产业研发中心、"丝绸之路经济带"研发设计与技术咨询基地、"丝绸之路经济带"开发银行等。

第一产业农业的产品要强调"优"与"特"，立足丝绸之路沿线国家及地区的消费习惯需求，充分发挥咸宁茶叶对丝绸之路的悠久影响力，打响"茶马古道源头"品牌，重点抓好赤壁、崇阳、通城、咸安、通山等县（市、区）边销茶板块，鄂西高山种薯优势生产区、鄂西低山粮加饲产业区、平原菜用加工马铃薯产业区和鄂东南丘陵特色商品马铃薯板块，随县、远安、房县、保康、广水、钟祥、新洲、公安等县市食用菌板块，以巴东、长阳、秭归、兴山、夷陵、点军、当阳、宜都、枝江、松滋、东宝等县（市、区）为核心示范区的优质柑橘板块，以及以丹江口市、郧县为核心示范区的宽皮柑橘板块，切实加大出口农产品示范基地的培育力度，在特色、规模、技术上进行突破，提升特色农业的外向发展能力，增强农产品的加工出口能力。落实省委、省政府《关于加快发展开放型经济的若干意见》，进一步完善湖北省农业"走出去"部门联席会议的共建机制。积极争取国家重大援外项目支持，借助新老援外项目平台带动农业人才、技术和资金走出国门，参与中亚农业市场的开发。鼓励成立民间农产品中亚开拓商会，加快农业示范园区建设，以"基地＋公司＋农户"形式，推进农业产业化经营和抱团开拓中亚市场。大力推行农业部"三品一标"（无公害农产品、绿色食品、有机食品、农产品地理标志）公共品牌认证、HACCP认证、GAP认证和农产品名牌评定，推进农业品牌化建设。以名特优新农产品为重点，以农产品标准化生产基地为基础，以产业化龙头企业和农民专业合作组织为依托，加大品牌整合力度，建立完善农产品品牌认证奖励机制，培育和创建国家级、省级名牌农产品。谋划、打造、宣传一批有市场影响力的产品，努力打造一批具有自主品牌和创新能力的出口型龙头企业。通过农业标准化、品牌化建设，整体提升湖北农产品质量安全水平，形成在中亚市场乃至整个国际市场的竞争力。

第二产业要注重在扩大经贸总量中调整优化结构，充分发挥湖北在汽车、钢铁、建筑、石化、食品、电子信息、纺织、装备制造、生物医药、光伏等方面的优势，着眼于产业链的延伸及工业配套能力的增强，面向"丝绸之路经济带"沿线国家及地区提供技术援助、开展投资合作。一方面，准确把握科技和产业发展方向，充分发挥湖北科技科教优势，瞄准产业前沿，以市场重大需求为导向，大力培育和发展战略性新兴产业。重点要抓好智能装备、软件和集成电路、新材料、循环经济与节能环保、新能源汽车、生物医药和健康产业、海洋装备、北斗导航、航天设备、新能源等十大产业的发展。另一方面，推动湖北具有较强市场拓展能力的汽车及零部件、钢铁、建材、机械制造等行业投资中亚市场，推动水泥、平板玻璃等过剩产能企业实施产能境外转移。（1）汽车产业重点是拓展重型半挂牵引车、机场专用车、油田专用车、工程施工车、市政作业车、高等级公路养护车和满足国防现代化建设需要的专用汽车市场及汽车零部件市场。（2）钢铁产业则通过大力发展钢材精深加工，实现与中亚各国的对接。（3）石油化工、建材、光伏等企业主要通过项目对接、国际直接投资等方式进入中亚市场。（4）采掘业要加快推动与"丝绸之路经济带"沿线国家的矿产资源合作开发，合理布局境外资源能源生产，在拓展市场份额的同时，反哺湖北经济发展。（5）大型成套装备制造企业侧重发展工程总承包，系统集成，促进制造业向技术自主化、制造柔性和精益化、设备成套化、服务网络化方面发展。

值得注意的是，中亚国家境内大量公路、铁路、机场、石油管道、通信等基础设施年久失修，对基础设施建设、房建等项目需求旺盛，但其自身财政支付困难，项目建设主要依靠贷款和各类外来资金，湖北企业应有选择地介入、谨慎跟进、深入调研、稳妥推进。

第三产业服务业要发挥融入"丝绸之路经济带"建设的引擎作用。一要以服务贸易为载体，大力发展商务服务、金融服务、科技服务、信息服务，大力推进跨境贸易电子商务，办好湖北与"丝绸之路经济带"沿线国家和地区的展会，积极搭建新的国际经贸合作交流平台，加强人流、物流、资金流、信息流在能源、资源等方面的深层次合作。二要大力发展现代物流业，加快建设物流公共信息平台和各专业市场交易信息平台，建成覆盖中亚和内地、功能齐全的物流信息网络，推进物联网、云计算技术在商贸物流智能化管理方面的应用，加快布局建设一批起点高、规模大、辐射能力强的现代物流枢纽、基地和中心及现代物流企业，大力推进连锁经营、物流配送、代理联运等现代物流业发展，加快国际现代物流业发展，完善区域性国际营销网络，积极发展跨境电子商务，推进欧亚现代物流网络一体化发展，使湖北成为"丝绸之路经济带"与长江经济带的现代物流中心和现代物流大通道。三要科学规划合理布局"丝绸之路经济带"国际黄金旅游环线，将武汉打造成亚欧大陆航空网络中转中心和客流集散地，进一步放宽跨国旅游限制，大力发展"丝绸之路经济带"国际观光旅游。

2. 以旅游、教育产业为先导,促进"丝绸之路经济带"的人文交流

发挥旅游、教育建设"丝绸之路经济带"的引导和示范作用,积极推进在教育、文化、旅游、科技等领域与中亚国家的合作。充分利用国家有关政策,发挥湖北科教资源优势,积极推动武汉大学、华中科技大学、华中师范大学、中南财经政法大学等高校与中亚各国大学的合作研究与联合办学,发起并落实湖北与中亚国家双向10万学生流动计划,与中亚国家共建友好城市,举办传统文化交流活动,推动企业商会、行业协会、各类民间社团组织与丝绸之路沿线的相关组织建立合作交流机制,增进互信与理解。

3. 以项目为依托,壮大湖北境外产业集群

在充分考察当地产业布局、市场需求及竞争态势的基础上,以依托大型优势企业、上下游产业中小企业联动的模式,面向丝绸之路沿线国家市场,加快出口基地建设,打造光电子信息技术、先进装备制造业、食品加工、纺织服装产业集群。利用集群优势,发挥互补协同效应,降低投资成本,规避风险,增强竞争力。充分利用"丝绸之路经济带"内湖北优势产业大额投资带动作用,有效整合产业技术、产业资本、人才储备、产业链和配套链等资源,以产业集聚及产业链配套带动上下游产业借船出海,共同抵抗风险。

要充分发挥骨干企业和项目的发酵作用,例如,依托华新水泥塔吉克斯坦年产100万吨水泥项目和后期工程,积极引导湖北建材行业及上下游企业配套投资,集群"走出去",共同拓展相关国家市场。通过"双重工程"持续、滚动的重点培育工作,在各个优势产业领域形成既有骨干企业为龙头,又有中小企业配套,有梯度、有宽度的境外投资企业集群。

4. 以"飞地经济"模式为载体，强力推进产业园建设

目前，国家战略的取向是优先发展北丝绸之路。为了跨区域实现无缝衔接，以最少的成本实现利益最大化，湖北可以考虑与新疆开展更加广泛深入的合作。采用"飞地经济"模式，利用新疆在"丝绸之路经济带"中具有的"口岸"优势，以及新疆与中亚各国拥有相似的民族、文化、风俗、习惯和消费结构，具有与八国交界的优良地缘优势，即以新疆为跳板，拓展与中亚各国的产业合作。目前，要充分运作对口帮扶新疆博州阿拉山口的有利条件，以"飞地模式"建设共享的国际产业园区，促进双方产业与投资，打造跨国产业链。具体方式为：由湖北、新疆共建特色产业园区，将之培育为示范产业园。在合作模式上，由新疆提供土地，湖北提供资金、技术，并负责产业园区的建设、运营和管理；双方依据协议对园区的运营和税收收入按比例分成。

在此基础上，积极发展与宁夏、甘肃等西部沿边省份合作，充分利用其对经济带沿线国家的辐射通道，支持湖北企业将具有比较优势、市场饱和、出口利润低、有利于节能减排的加工制造业转移到西部沿边省份，将建设"丝绸之路经济带"战线前移。

（三）运筹帷幄，全面提升西进鄂企竞争力

1. 以市场调研为基础，不断拓展丝路新商机

在以亚欧博览会、西博会、兰洽会、哈萨克中国商品展、阿拉伯国家博览会等经贸交流平台帮助湖北企业寻找商机的同时，由省委、省政府定期下达"丝绸之路经济带"国别研究项目，就《"丝绸之路经济带"沿线国家经贸投资环境发展及展望》这一主题，逐年发布研究报告，帮助企业全面掌握中亚西亚各国政治、经济、社会、文化、技术发展状况。培养一批中亚西亚商务人才，建立西进商务信息平台，为企业走向中亚西亚提供商务咨询服务。

鼓励企业在充分市场调研的基础上做好市场细分及开拓，针对其国家政策、地理特征、气候条件、使用习惯等做出相应对策，投放适应其市场需求的产品，以优质的产品、良好的服务、合理的价格赢得消费者的信任，继而全面推进湖北企业与丝绸之路沿线国家和地区在经贸、旅游、能源、交通、金融及信息等领域的合作。

2. 以技术创新为动力，打造西进科技创新高地

技术创新是企业西进重要的核心竞争力来源之一。在健全技术创新市场导向政策体系的基础上，加快形成以企业为主体、市场为导向、产学研相结合的技术创新体系建设，支持企业建立研发机构，实施重点企业技术创新培育工程，以企业为主导打造产业技术创新战略联盟，打造西进科技新高地。支持湖北企业面向"丝绸之路经济带"沿线市场需求建立研发基地，支持面向中亚西亚国家开发更具竞争力的光伏产品，支持生物制药企业建立维（吾尔族）药研发基地，支持以量大面广和基础设施项目急需的高性能材料为突破口，提升湖北新材料企业创新能力。先进制造企业围绕技术自主化、制造集约化、设备成套化、服务网络化，着力提高装备设计、制造和集成能力；新能源企业重点围绕中亚西亚市场需求潜力巨大的太阳能、风能技术创新，通过关键技术突破，加快企业走出去步伐；农业重点围绕茶叶、柑橘、马铃薯、食用菌新品种选育，推进特色农产品加工关键技术及设备的研制与产业化。支持企业以多种方式"走出去"，利用湖北优势科技产品和服务，开展国际创新合作。鼓励"丝绸之路经济带"沿线跨国公司在湖北设立研发机构。

3. 以产业链为脉络，组建西进湖北企业联盟

充分发挥湖北光通信、光伏、建材等产业链较为完整的优势，以骨干企业带领中、小、微企业，"抱团"走出去，积极展开对

"丝绸之路经济带"沿线国家与地区经贸与投资与合作，共同开发"丝绸之路经济带"大市场。以产业链为脉络，以集产、研、展、销为一体的综合性大型企业基地或产业园为平台组建西进湖北企业联盟，开辟"精细化分工、产业链整合、团队合作"新商业模式，搭建一个帮助企业与当地税务、法律等对接的平台，打消中小企业可能由于资金、税务等壁垒而不敢单个走出去的顾虑，有效壮大湖北"走出去"的企业队伍，切实提升湖北国际化发展水平和开放型经济的核心竞争力，积极、主动参与全球资源配置。

4. 以提升开放度为目标，培育外向型龙头企业

依托"双重工程"平台，选择具备跨国企业雏形的湖北企业纳入计划予以重点扶持，大力培育能够进入全球跨国采购体系的经营主体。鼓励有条件的企业如武钢、三环汽车、湖北电力公司等大型企业走出国门，在国外建立生产基地、营销中心和经贸合作区，开展境外资源收购与合作开发、国际劳务合作、国际工程承包。鼓励高新技术企业通过在境外科技资源密集地区设立研发中心和研发型企业，更好地利用全球科技、智力资源，提高国内母体企业的技术水平和创新能力。完善支持企业"走出去"的总体协调机制，在资金筹措、外汇审核、人员进出、货物通关、检验检疫、项目管理等方面建立便捷高效的境内支撑体系，在领事保护、风险防范、信息沟通、政府协调等方面建立境外服务体系。

充分发挥湖北长江经济带人才密集、技术力量雄厚的优势，促进科研、勘测、设计、施工等优势企业中建三局、葛洲坝集团、大桥局、铁四院、中南电力设计院等的内联外合，更多地承揽包括勘测、设计、施工等项目内容的大型国际工程，带动湖北长江经济带技术、成套设备、原材料的出口和劳务输出。

加大劳务输出人员的培训，壮大对外劳务合作经营企业队伍，培育对外劳务合作经营龙头企业。积极拓展外派劳务市场，建立外派劳务基地,打造"湖北海员"等劳务品牌,扩大纺织服装业、农业、建筑业、运输业等领域劳务外派规模。

五 统筹规划、有序推进,加强和完善组织保障

(一)成立湖北"丝绸之路经济带"建设领导小组,全面统筹部署"西进计划"

为统筹协调、积极有效融入"丝绸之路经济带"建设,成立湖北省融入"丝绸之路经济带"建设协调领导小组。由省委、省政府主要领导任组长和副组长,省委宣传部、省发展改革委、省商务厅厅长、省外事办、省经委、省教育厅、省科技厅、省财政厅、省国土资源厅、省环境保护厅、省住房城乡建设厅、省交通厅、省水利厅、省农牧厅、省文化新闻出版厅、省金融办、省地税局、省工商局、省体育局、省旅游局、省国税局、省出入境检验检疫局、武汉海关、人民银行武汉分行、湖北省银监局、湖北省证监局、湖北省保监局、国家开发银行湖北省分行、武汉铁路局、湖北机场公司主要负责人为小组成员。领导小组办公室设在省发展改革委。

领导小组定期和不定期主持召开工作会议,研究重大战略、重大政策、重大项目的落实情况,商讨地区之间的协作配套,并做出相应的工作部署。领导小组办公室与"丝绸之路经济带"沿线各省市加强联系,重点做好项目策划等前期工作,抓好项目库建设,搞好日常协调工作。

省委、省政府有关部门结合各自职能,加强对规划实施的指导。依据本规划的要求,制定本部门支持湖北参与"丝绸之路经济带"建设的具体政策措施,在有关规划编制、政策实施、项目安排、体制创新等方面给予积极支持,并做好组织协调工作。

（二）积极争取国家政策支持，多方借力做实湖北"东西双向开放的战略交汇点"地位

加强与国家部委沟通衔接，积极争取国家从扩大和深化内陆省份开放、促进中部崛起、推进区域协调发展的战略高度，充分考虑湖北独特的东西交会点的区位优势，以及在战略资源、产业支撑、文化融入、市场需求等方面的比较优势，力争在重大基础设施建设、重大产业布局、战略资源开发创新、对外开发开放等方面给予政策倾斜。（1）密切关注国务院关于建立"丝绸之路经济带"的政策动向，及时调整相关策略。（2）由省发展改革委负责，与国家发展改革委沟通衔接，把湖北作为"丝绸之路经济带"建设的有机组成部分，全域纳入国家战略规划。（3）由省外事办、省公安厅、省口岸办、武汉市政府负责，与外交部、公安部沟通对接，把武汉建成继北京、上海、广州、重庆、成都、大连、沈阳、西安、杭州、昆明等城市之后第11个可享受72小时过境免签政策的城市，推动"丝绸之路经济带"沿线国家在武汉设立领事机构。（4）由省交通运输厅负责，与交通运输部沟通对接，建立"丝绸之路经济带"沿线铁路运输联席会议，加快与"丝绸之路经济带"沿线重点节点城市的互联互通建设，推动"汉新欧"常态化运营。（5）由省旅游局负责，与国家旅游局沟通对接，开展国际旅游合作；与沿线国家联合开发国际旅游线路，打造丝绸之路国际知名旅游品牌和旅游精品。（6）与质检总局沟通对接，由省出入境检验检疫局负责，建立与丝绸之路沿线国家的双边或多边技术标准合作机制；由省质监局负责，推动与丝绸之路沿线国家建立双边或多边计量机制，建立湖北省国家地理标志保护产品、优质农产品互认机制。（7）由省发展改革委、省口岸办、民航中南地区管理局负责与民航总局沟通对接，提升武汉天河国际机场门户枢纽定位,争取航权等政策支持;继开通武汉至阿拉木图国际货运航线、武汉至莫斯科直飞航线之后,陆续开通到中亚、西亚、欧洲旅游航线及货运班机,打通湖北省向西开放空中通道。(8)由武汉铁路局负责,与中国铁路总公司协调对接,加快推进武汉至丝绸之路沿线重点节点城市客运专线建立,开通武汉至中亚旅游列车。

呼吁中央政府有关部门对"丝绸之路经济带"作统一的规划布局和部署,加强产业统筹协调,实现差异化竞争,避免零和博弈。联合"丝绸之路经济带"北线的陕西、甘肃、宁夏、青海、新疆,以及南线的广西、云南、贵州、四川等省份,深入研究与中亚、南亚、东南亚的合作可能性,进一步挖掘"丝绸之路经济带"的价值和发展潜力,为国家决策提供重要参考。

充分发挥人大、政协的作用,在全国"两会"期间,以驻鄂全国人大代表的集体议案、驻鄂全国政协委员联名提案等形式,呼吁国家相关部门重视。同时,还可以考虑邀请九三学社等民主党派中央,以直通车形式向中共中央和国务院提出建议,做实湖北"东西双向开放的战略交汇点"地位。

(三)创新湖北对外开放体制,全面深化湖北经济社会改革

一是加快推进内外贸一体化和贸易便利化。深化口岸管理体制改革,加快"大通关"建设。发挥东湖保税区等海关特殊监管区域的平台优势,创新海关、检验检疫、边检等口岸查验方式。借助 GPS 定位等物联网高科技手段,创新内陆保税区监管模式,实现"一次报关、一次申请、一次验放";对外发加工采取"集中审批"模式,实现"一次审批、多次外发",同时试行对高资信企业在全省范围内外发加工取消征收风险担保金。进一步减少和规范行政审批,加强外贸运行预警体系建设,健全贸易摩擦应

对机制。

二是放宽外商投资准入与扩大对外投资。一方面,创新外商投资管理体制。加快建立"备案+审批"的新的管理模式,探索推行外资准入前国民待遇加负面清单管理模式,放宽外商投资市场准入,扩大服务业对外开放。另一方面,简化对外投资审批程序,改革对外投资合作管理体制。放宽对外投资准入,境外投资实行以备案为主、核准为辅的管理服务方式,简化备案流程,提高效率,将服务贯穿于境外投资事项全过程。完善对外工程承包和劳务合作管理制度,允许公民自担风险自由到境外承揽工程和劳务合作项目。健全"走出去"应急保障机制,支持企业建立海外投资风险防范制度,规避跨国经营风险。

三是构建内陆对外开放新模式。主要包括:(1)探索内陆加工贸易新模式。改变传统加工贸易中"两头在外、大进大出"模式,探索"一头在内,一头在外"的整机加零部件垂直整合一体化加工贸易模式,即零配件来自湖北,再由本地企业加工制造,最终运往海外。(2)加快申报内陆自由贸易试验区。依托东湖综合保税区和武汉新港的阳逻、沌口、东西湖园区(申报设立武汉沌口—阳逻综合保税区)优势,加快武汉自由贸易试验区的申报工作。(3)合力打造服务向西开放的港口群,建设以武汉新港为主体,以长江上游、汉江流域为综合运输主骨架,以中部地区重要港口为补充的国内综合运输中转集散基地。重点建设一批适应能源、钢铁、化工原料、产成品、建材以及外贸物资等大宗货物中转的港口,加快建设铁水联运港。同时建设以冶金工业原料、产成品、建材转运为主的一批中小型港口。通过港口群的建设促进经济的融合,全面开展经济技术合作,进而形成向西开放的物流基地。(4)充分抓住上海经济合作组织协商交通便利化协定、"丝绸之路经济带"各国完善跨境交通基础设施的机遇,着力构建内陆货运通道体系。发展江海联运、铁海联运，增辟航空物流通道，实现空中与地面、飞机与卡车之间无缝对接，形成横贯东西、联结南北对外经济走廊。

（四）加大对企业积极参与"丝绸之路经济带"建设的政策支持和服务力度，引导企业"扎木成排"、聚弱成强

研究和制定鼓励湖北企业抢抓"丝绸之路经济带"建设机遇的激励政策，鼓励企业积极融入"丝绸之路经济带"建设。全省各地、各部门要结合实际出台金融、财政、服务等方面的相应优惠政策，积极呼应湖北加快融入"丝绸之路经济带"建设的战略部署。

1. 加大金融支持，解决企业"走出去"融资难问题

一是以产业基金为资源配置引导，激发民间资本西进活力。一方面，积极争取"丝路基金""亚洲基础设施投资银行""金砖国家开发银行""上合组织开发银行"的融资支持。另一方面，在外经贸区域协调发展资金、中小企业开拓国际市场资金、对外投资合作专项资金等政策资金重点倾斜开拓中亚市场鄂企的同时，设立向西开放产业扶持基金。参照中非合作模式，建立与中亚各国的合作发展基金，优先推动建立鄂哈合作基金、鄂塔合作基金，为湖北企业参与中亚资源开发提供政策性融资支持，加速政府资源、金融资本和产业资本的融合。

二是以信用担保体系为后盾，加快中小企业"走出去"步伐。加快中小企业信用担保体系建设，简化融资担保手续，同时在创业辅导、技术改造、人才培训、市场开拓等方面加大服务和扶持力度。重点加强对中小创业企业和新兴领域创业的信贷扶持，发挥小额担保贷款、中小企业发展专项资金、创业风险引导基金的积极作用。

三是以建设武汉区域金融中心为契机，打造西进产业金融服务链条。加快推进将武汉建设为"丝绸之路经济带"、长江经济带区域金融中心的步伐，积极引导中西亚各国投资银行、上合组织证券交易中心、各类基金落户武汉，积极争取外汇管理改革试点，发展离岸金融业务，加快建设服务西部、面向中西亚的区域性金融中心。积极推广人民币结算，引导金融机构随客户"走出去"。鼓励金融机构在提供人民币跨境汇款、人民币跨境托收、人民币跨境信用证、人民币跨境保险等人民币结算产品及人民币进出口押汇、国际保理、福费廷、出口信贷、出口信用保险、海外直贷等贸易融资产品的同时，立足湖北企业西进实际，提供人民币衍生品、内保外贷、离岸账户（OSA）、境外非居民账户（NRA）等新型金融产品。鼓励各类保险机构通过保险与担保相结合的形式，提供湖北优势产业高端对接"丝绸之路经济带"沿线需求的融资保障服务。支持新建承接产业转移园区贷款贴息。积极辅导、支持发展基础良好、发展潜力巨大的优势企业在境内外上市融资、发行债券。建立信贷机构、保险机构、地方政府三方信息共享与联动机制，共同制定相关业务流程，合力打造西进产业金融服务链，形成监督合力，共同防范业务风险。

2. 加大财政支持，积极营造有利于企业西进的市场环境

对有利于抢抓"丝绸之路经济带"建设机遇的项目，在财政专项资金分配上给予倾斜。根据国家税收调控政策，加强对湖北参与建设"丝绸之路经济带"主导产业的税收支持力度，扶持自主创新产业基地和生物医药、核产业等新兴高技术企业的发展，提高湖北省企业融入"丝绸之路经济带"建设的积极性。

3. 加大对企业的服务力度，引导企业"扎木成排"、聚弱成强，有效提升市场竞争力

全省各地、各部门要为企业融入"丝绸之路经济带"建设收集信息、提供情报、当好参谋、搞好协调，搭建中介服务、金融支持、项目对接、信息集聚等全方面服务平台，切实帮助企业解决发展中遇到的各种困难和问题。加强人才培训，组织企业学习国际投资交流环境、国际规则和相关法律，培养"走出去"跨国经营人才。建立国际投资应急机制，并为企业国外投资提供必要的法律援助。

针对中亚国家及丝绸之路沿线地区的建材技术引入及投资需求，在借鉴华新水泥经验及充分考察当地需求的基础上，引导三峡建材、长利玻璃、武汉明达、荆州亿钧等建材企业"走出去"；针对"丝绸之路经济带"沿线对电信网络的需求，要充分发挥"中国光谷"的研发及生产优势；鼓励江汉油田积极参与丝绸之路沿线的油气开发。要引导企业进行体制创新、管理创新，出台鼓励规模经营的政策，积极推广"安琪酵母模式"（依靠自身技术，利用"经济带"国内段省区的原材料、资源等优势，于当地生产，产品出口中亚）和"华新水泥模式"（依靠自身技术，利用"经济带"国外段国家的原材料、资源等优势，于当地生产当地销售）等，积极推动一批骨干优势企业走"扎木成排"、强强联合、强弱兼并之路，实现低成本扩张。

4. 设立"丝绸之路经济带"研究院，加强专业性人才队伍建设

目前，陕西西安电子科技大学与陕西省社会科学院共同设立了"丝绸之路经济带"发展研究院、西北大学丝绸之路研究院、复旦－甘肃"丝绸之路经济带"协同发展研究院，广东省亦基于中山大学环南中国海研究院、国家软实力研究院、亚太研究院和海洋学院并联合广西民族大学、海南省海洋与渔业厅、云南大学等联合成立了21世纪海上丝绸之路研究院；华侨大学、中国新闻社、福建省侨办、福建社会科学院、福建省社会科学联合会合作共建的"海上丝绸之路研究院"于 2014 年 9 月正式揭牌；2015 年 1 月 22 日，西安交大协同外交部、商务部、中国社会科学院，牵手成立"丝绸之路经济带研究协同创新中心"。而西北大学中亚学院、丝绸之路研究院和西安外国语大学中亚学院等面向"丝绸之路经济带"沿线国家合作培养人才的教育平台，更会促进有关省市经济合作向更广的领域、更深的层次发展。

湖北应发挥其作为科教大省的优势，支持省委省政府、中南财经政法大学、三环集团共同组建"丝绸之路经济带"研究院以及"丝绸之路经济带"产业经济研究中心等一批高质量的研究机构，引导各类高校和科研院所将国家战略与科学研究潜力紧密结合，加强对丝绸之路沿线地区经济发展、基础地质、矿产资源乃至数字化丝绸之路的研究，使之成为"丝绸之路经济带"建设的智库，更好地为湖北参与"丝绸之路经济带"服务。与此同时，加大国内熟悉中亚事务通才和专才的培养力度，同时采取有效措施让更多的中亚国家人士熟悉中国事务。针对有意向开拓中亚市场的湖北企业家及有意向开拓湖北市场的中亚企业家给予经贸、语言等方面的培训，以利于他们更好地开展产业合作，从而为"丝绸之路经济带"的合作共赢奠定坚实基础。要针对"丝绸之路经济带"不同地域、不同领域的不同需求，创新宣传机制，拓宽宣传渠道，积极搭建对外宣传与交流的平台，在中亚地区积极宣传湖北、营销湖北，提高湖北优势产业、品牌企业在国外的知名度和影响力。

执笔人：张雪兰　朱新蓉

专题一 沿线国家和地区政治、经济与资源禀赋

"丝绸之路经济带"的建设一方面必将给沿线的国家和地区带来全新的发展机遇，为中国经济发展带来新的动力；另一方面，也将推动我国国家安全战略的一系列转型：从消极性战略防御到主动性战略进取，从单一性边疆安全到多维度全面合作，从内政外交相分离到内政外交一体化。截至目前，中东阿拉伯国家已经成为宁夏对外开放的主攻方向；甘肃的兰州新区被定位于面向中亚、西亚的区域性国际交流战略平台，甘肃省更是提出打造"丝绸之路经济带"黄金段；新疆被确定为"丝绸之路经济带"核心区。

一 沿线国家政治、经济与资源禀赋比较

从地理区域来看，"丝绸之路经济带"东起中国，途经中亚、南亚、中东、俄罗斯，西达欧洲发达经济圈，是横贯亚欧两洲的经济大陆桥。中亚、南亚、中东、俄罗斯及欧洲五地区地理位置不同，在政治经济以及资源禀赋方面各有特点。

中亚地区与中国有着3000多公里的边境线，主要包括五个国家：哈萨克斯坦、吉尔吉斯斯坦、塔吉克斯坦、乌兹别克斯坦和

土库曼斯坦。中亚五国皆为多民族、多信仰国家，其中伊斯兰教为信仰范围最大的宗教；五国政治格局基本稳定，经济发展程度不均衡，其中哈萨克斯坦为五国中最富裕的国家，塔吉克斯坦是五国中最贫穷的国家；五国境内自然资源（包括石油、天然气、贵金属等）丰富，具有较大的开发价值，但是由于技术投资不足等原因，自然资源的开发和利用程度较低。

南亚国家主要包括印度、阿富汗和巴基斯坦等国。与中亚五国相比，南亚国家政局较为动荡，政局中的不确定性因素更多。南亚国家以传统农业为经济基础，经济发展水平较低；这些国家普遍自然资源富足，矿藏、木材、粮食、皮革及化工等工业原料是我国长期从南亚国家进口的大宗商品。总体上，中国与南亚国家在资源、产业结构、商品结构、技术结构上就有着很强的互补性。

中东国家位于亚洲东部，包括伊朗、伊拉克、以色列、沙特和土耳其等。受民族主义、极端主义以及恐怖主义三股势力的威胁，中东地区政局相比中亚、南亚来说更加动荡不安。中东地区的国家多为资源经济结构单一的国家，其油气资源丰富，地区的经济发展很大程度与国际经济形势、国际油价相关。

俄罗斯国内政局比较稳定，但近年来，由于克里米亚和乌克兰问题，俄罗斯的经济受到欧盟国家和美国的制裁，加上金融危机的影响，俄罗斯国内经济发展减缓，俄罗斯天然气、石油、铁、铝和铀资源丰富。

欧盟地区政局大致比较稳定，经济较为发达，尤其是西欧地区，例如德国，法国和英国等。金融危机爆发后，欧盟国家的财政合作更加密切。欧盟地区中德国、法国、英国与意大利拥有先进的技术，航空、航天、汽车、机械、电子、核能、高速火车与地铁、化学工业都比较发达。

在五个区域中，中亚国家与中国西部接壤，以陆路相通，民族跨界而居，与中国经济联系密切，不仅是中国的重要能源和资源供应地，而且是中国商品的主要出口市场和对外投资市场。与此同时，中亚国家为了经济发展，在主观上也希望和中国进行贸易和合作，通过建设"丝绸之路经济带"为其经济社会发展带来机会。目前，中国和中亚国家及其他沿线国家积极筹划道路建设，有条件通过一系列双边和多边合作，使中亚五国经济与中国经济的互补优势得到充分开发，从而实现共赢共兴的目标。中国已成为中亚国家最主要的贸易伙伴，分别成为哈萨克斯坦、乌兹别克斯坦、吉尔吉斯斯坦和塔吉克斯坦的第二大贸易伙伴。中国对中亚国家的直接投资也快速增长，已成为乌兹别克斯坦、吉尔吉斯斯坦第一大投资来源国，塔吉克斯坦第二大投资来源国。

（一）"丝绸之路经济带"沿线国家政治形势分析

本部分将主要从政治体制、宗教信仰、民族矛盾、局部动乱或战争等不确定因素四个方面对"丝绸之路经济带"沿线的中亚、南亚、中东、俄罗斯、欧盟五个区域的政治形势进行对比分析，以了解各区域政治格局特点，为"丝绸之路经济带"的政治建设提供参考。

中亚五国中除吉尔吉斯斯坦为议会制国家，其他四国均为总统制国家。五国均为多民族、多信仰国家，各国居民多数信仰伊斯兰教。各国政局基本保持稳定，但突发群体性事件和恐怖事件依旧困扰着各国政府。相较而言，哈萨克斯坦和吉尔吉斯斯坦国内政局存在较大不稳定因素，哈萨克斯坦仍然受到突发的群体性事件和恐怖事件的威胁，吉尔吉斯斯坦主要受民族冲突的影响（参见表1）。

表 1   中亚五国政治概要

	哈萨克斯坦	吉尔吉斯斯坦	塔吉克斯坦	土库曼斯坦	乌兹别克斯坦
政治体制	总统制	议会制	总统制	总统制	总统制
主要宗教信仰	伊斯兰教、基督教	伊斯兰教	伊斯兰教	伊斯兰教、东正教	伊斯兰教
民族总数（个）	125	84	120	100 多	130 多
主要民族	哈萨克族、俄罗斯族	吉尔吉斯族、乌孜别克族、俄罗斯族	塔吉克族、乌孜别克族	土库曼族	乌孜别克族

数据来源：中国外交部官网，http：//www.fmprc.gov.cn/web/gjhdq_ 676201/gj_ 676203/yz_ 676205/。

南亚三国的政党纷争和政局变化呈现普遍化和常态化特点，其中印度较稳定，但政治势力碎片化趋势加强；阿富汗、巴基斯坦极具地缘资源价值使得政局变化具有长期性、突发性和高度不确定性，持续半个世纪的印巴冲突至今仍摩擦不断。

中东地区以伊朗、伊拉克、沙特、土耳其等为代表，中东地区政治生态敏感脆弱，动荡因素增多，彼此关联度极高，教派冲突矛盾日趋公开化，极端恐怖势力空前壮大。

俄罗斯为多民族国家，国内政局保持稳定，近期在克里米亚问题上争端不断，俄罗斯支持克里米亚独立的行为招来美国和欧盟的经济制裁。

成立多年的欧盟组织现有成员国 28 个，各国均为民主国家，政局稳定，且欧盟内部一直在推动政治一体化进程，但是各国分歧不断。2008 年爆发的欧债危机更是加剧欧盟内部各国分歧，带给欧盟新的挑战。

（二）"丝绸之路经济带"沿线国家经济比较

1. "丝绸之路经济带"沿线国家经济概要

"丝绸之路经济带"涉及区域经济总量大，2014 年 GDP 总量高达 27 万亿美元。同时，各区域经济发展不均衡，其中欧盟地区和俄罗斯远超其他地区，中亚地区最差。另外，区域内部人口总数达 37 亿人，占全球人口数超过 60%。经济带涉及的各区域在能源、矿产、人力等资源各具特点，区域间科技水平发展差距悬殊，因此，"丝绸之路经济带"的建设可以从整体范畴内调动科技和资源流动，促进经济带内各国经济发展（参见表 2）。

表 2 "丝绸之路经济带"沿线国家经济发展概要

国 家	GDP （亿美元）	人均 GDP （美元）	人口 （人）	直接投资净 流入（亿美元）	出口 占比（%）	进口 占比（%）
中国	103548.32	7590.02	1364270000	2890.97	22.62	18.92
哈萨克斯坦	2178.72	12601.62	17289224	75.98	39.12	25.88
吉尔吉斯斯坦	74.04	1268.86	5835500	2.11	36.90	88.12
塔吉克斯坦	92.42	1114.01	8295840	2.61	19.18	68.33 *
土库曼斯坦	479.32	9031.51	5307188	31.64	73.26	44.39 *
乌兹别克斯坦	626.44	2036.69	30757700	7.51	23.41	27.30
阿富汗	200.38	633.57	31627506	0.49	6.63	46.24
巴基斯坦	2436.32	1316.61	185044286	17.78	18.72	18.72
沙特	7538.32	24406.48	30770000	80.12	47.03	33.88
伊朗	4253.26	5442.87	78143644	21.05	24.17	18.89
以色列	3056.75	37206.18	8215700	67.38	32.29	30.64
巴基斯坦	2436.32	1316.61	185044286	17.78	12.28	18.72
伊拉克	2235.00	6420.14	34812326	47.82	39.89	66.17
印度	20485.17	1581.51	1295291543	338.71	23.19	25.51
土耳其	7984.29	10515.01	75932348	127.65	27.74	32.18
俄罗斯	18605.98	12735.92	143819569	228.91	30.02	22.87
德国	38682.91	47773.94	80970732	83.90	45.73	38.99
法国	28291.92	42725.74	66217509	79.57	28.69	30.53

注：主要数据为 2014 年数据，标注 "*" 为 2013/2012 年数据。

数据来源：世界银行官网，http://data.worldbank.org.cn/indicator。

从表3可知，德国是中国重要的贸易伙伴，其次是俄罗斯、沙特、印度、英国和法国。中亚五国中，哈萨克斯坦同中国的进出口总额明显高于其他四国。从趋势来看，进出口总额上升最明显的为吉尔吉斯斯坦、塔吉克斯坦、土库曼斯坦、印度、伊朗、以色列、巴基斯坦、土耳其、俄罗斯、德国和法国。

表3 "丝绸之路经济带"沿线国家同中国进出口总额

单位：万美元

国　家	2012 年	2013 年	2014 年
哈萨克斯坦	2568157	2859596	2245167
吉尔吉斯斯坦	516232	513770	529794
塔吉克斯坦	185670	195812	251594
土库曼斯坦	1037250	1003090	1047044
乌兹别克斯坦	287519	455145	427612
阿富汗	46924	33785	41093
印度	6647333	6540266	7057611
伊朗	3646584	3942651	5184234
伊拉克	1756759	2487885	2850508
以色列	991045	1082662	1087974
巴基斯坦	1241365	1421644	1599835
沙特	7331422	7219053	6908327
土耳其	1909557	2223323	2301085
俄罗斯	8821099	8925900	9527045
英国	6310224	7002092	8086787
德国	16113139	16149819	17771581
法国	5101743	4982385	5576483

数据来源：世界银行官网，http：//data.worldbank.org.cn/indicator。

2. 中亚五国国家经济概要

（1）中亚五国国内经济概况

中亚五国虽然在经济规模上远远落后于中国，但是近年来经

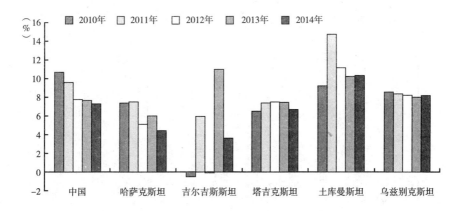

图1　2010～2014年中国及中亚五国GDP增长率

数据来源：世界银行官网，http://data.worldbank.org.cn/indicator。

济增长迅速，GDP的增长速度与中国相差较小，甚至超过中国（如图1所示）。五国间经济规模也存在差距，其中哈萨克斯坦经济总量占中亚五国总量的一半以上。五国的经济发展状况也各具特点，整体而言，金融危机对五国的经济增长造成一定影响，危机后经济开始回暖。然而，吉尔吉斯斯坦还受到2010年爆发的"4·7"革命的影响，国内政局动荡，从而制约了经济发展的速度。

从图2可知，中亚五国整体产业结构较为合理，第一产业比重普遍偏低，第二、三产业比重较高；但是各国家间的产业发展状况不同，其中哈萨克斯坦产业发展水平最高，第一产业占比最低，第二、三产业在各国中均较突出；土库曼斯坦产业结构单一，能源产业为其支柱产业，第二产业比重达到50%；塔吉克斯坦则产业发展水平最低，第一产业比重在各国中最高，而且超过本国第二产业。

（2）中亚五国的国际投资概况

从图3中可以看到，五国中哈萨克斯坦获得的境外直接投资最多，其他依次是土库曼斯坦、乌兹别克斯坦、吉尔吉斯斯坦和塔

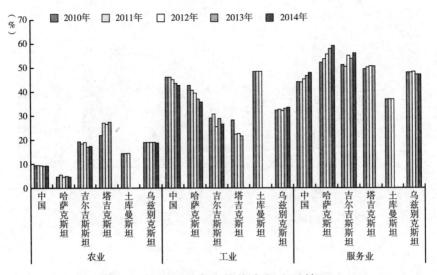

图2　中亚五国产业结构发展比重情况

数据来源：世界银行官网，http：//data. worldbank. org. cn/indicator。

吉克斯坦。从趋势上看，2010年以来，五国外国直接投资净流入
整体呈现下降趋势，其中哈萨克斯坦和乌兹别克斯坦及土库曼斯
坦下降趋势较明显，塔吉克斯坦外国直接投资净流入一直保持较
低状态，尤其在2010及2013年出现负值。

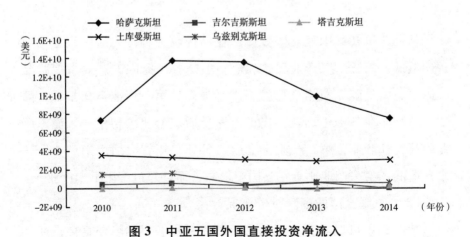

图3　中亚五国外国直接投资净流入

数据来源：世界银行官网，http：//data. worldbank. org. cn/indicator。

从整体看，图4中，中国在中亚五国承包工程完成营业额中哈萨克斯坦最高，之后依次为土库曼斯坦、乌兹别克斯坦、吉尔吉斯斯坦和塔吉克斯坦。受全球经济增长放缓影响，2014年中国在哈萨克斯坦、土库曼斯坦、乌兹别克斯坦以及吉尔吉斯斯坦四国承包工程完成营业额都出现了下降的趋势，只有在塔吉克斯坦的工程完成额继续保持增长趋势。

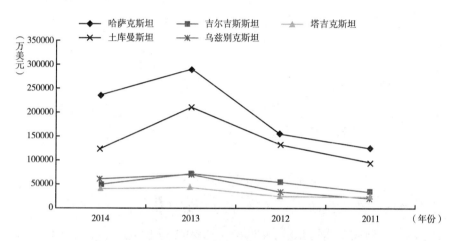

图4 中国在中亚五国承包工程完成营业额

数据来源：中国统计局官网，http：//data. stats. gov. cn/easyquery. htm？ cn = C01。

中亚五国国内市场规模普遍较小，制造业配套能力较弱，且法律环境较差，但能源和矿产资源丰富，因此流入中亚五国的外资多属于"资源寻求型"。我国对中亚五国投资以采矿业和建筑业为主，制造业比重偏低。哈萨克斯坦、乌兹别克斯坦等国均已向我国提出在非资源领域加强合作的意愿，三国政府也签署了相关合作协议，并采取了一系列政策推动我国汽车、服装、电子等产业赴中亚地区投资。

（3）中亚五国商品贸易概况

①哈萨克斯坦

2014年，哈萨克斯坦主要出口国前三位分别是：意大利、中国和荷兰。进口国前三位分别是：中国、德国和美国。商品结构见表4。

表4 哈萨克斯坦主要进出口商品

单位：%

主要出口品	出口品比值	主要进口品	进口品比值
矿产品	84.01	机电产品	32.19
贱金属及其制品	7.19	运输设备	14.10
化工产品	3.10	化工产品	9.88
植物产品	2.58	贱金属及其制品	8.87
贵金属及制品	0.78	塑料、橡胶	4.51
其他	2.34	其他	30.45

数据来源：哈萨克斯坦统计委员会，wind。

图5中，哈萨克斯坦从中国的进口额逐年增加，出口额总体下降，净出口额总体减少，2014年为负值。其中，哈萨克斯坦主要出口铜及铜材、钢材、原油等，主要进口机电产品、服装、鞋类等。

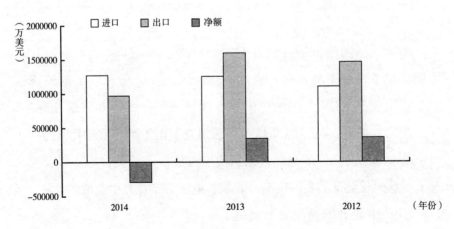

图5 哈萨克斯坦同中国贸易额

数据来源：中国统计局官网，http：//data.stats.gov.cn/easyquery.htm？cn=C01。

②吉尔吉斯斯坦

数据显示，吉尔吉斯斯坦的主要出口国为：瑞士、乌兹别克斯坦和哈萨克斯坦；主要进口国为中国、俄罗斯、哈萨克斯坦。进出口商品结构见表5。

表5 吉尔吉斯斯坦主要进出口商品

单位：%

主要出口品	出口品比值	主要进口品	进口品比值
黄金	38.06	矿产品	21.02
动物及动物产品	11.98	运输设备	15.89
矿产品	10.01	机电设备	10.35
植物产品	9.03	化工产品	9.46
纺织和纺织品	7.23	贱金属及其制品	8.08
其他	23.70	其他	35.21

数据来源：吉尔吉斯斯坦统计局，wind。

图6中，2012～2014年，吉尔吉斯斯坦从中国的进口额显著提高，出口额出现明显下降，净进口额逐年增加。

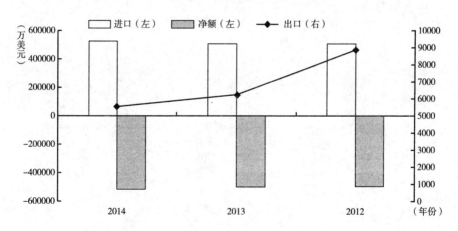

图6 吉尔吉斯斯坦同中国贸易额

数据来源：中国统计局官网，http：//data. stats. gov. cn/easyquery. htm? cn = C01。

③塔吉克斯坦

2014 年塔吉克斯坦主要出口国是哈萨克斯坦、土耳其和瑞士，主要进口国是中国、俄罗斯和哈萨克斯坦。塔吉克斯坦出口产品结构单一，2014 年进出口产品结构见表6。

表 6　塔吉克斯坦主要进出口商品

单位：%

主要出口品	出口品比值	主要进口品	进口品比值
初级产品、宝石和非货币黄金	71.10	初级产品、宝石和非货币黄金	23.56
食品和活动物	7.06	机械及运输设备	15.27
其他	21.85	其他	61.17

数据来源：联合国贸易和发展会议，Wind。

图 7 中，塔吉克斯坦出口到中国的商品贸易额逐年减少，进口商品显著增加，总体净进口额增加。塔吉克斯坦主要从中国进口服装、机械设备、钢铁制品。中国主要从塔吉克斯塔进口矿产品、棉花、生皮。

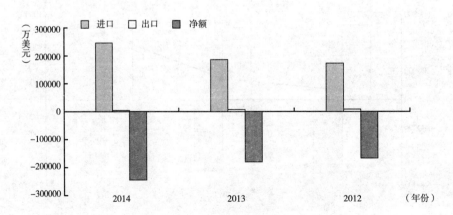

图 7　塔吉克斯坦同中国贸易额

数据来源：中国统计局官网，http：//data. stats. gov. cn/easyquery. htm？cn = C01。

④乌兹别克斯坦

2014 年，乌兹别克斯坦主要出口国为俄罗斯、中国、哈萨克斯坦；主要进口国为俄罗斯、韩国和中国。主要进出口产品结构见表7。

表7 乌兹别克斯坦主要进出口商品

单位：%

主要出口品	出口品比值	主要进口品	进口品比值
矿物燃料、润滑油及有关原料	26.82	机械及运输设备	36.18
矿石、金属、宝石和非货币黄金	19.50	初级产品、宝石和非货币黄金	14.13
饮食及活动物	11.12	食品和活动物	10.11
饮料及烟草	11.04	矿物燃料、润滑油及有关原料	3.03
其他	31.52	其他	35.42

数据来源：联合国贸易和发展会议，Wind。

乌兹别克斯坦在近三年中进口额显著增加，出口额出现了波动，整体呈现上升趋势，净进口额呈现上升的趋势。乌兹别克斯坦主要从中国进口机械设备及器具，中国主要从乌兹别克斯坦进口棉花和天然气。

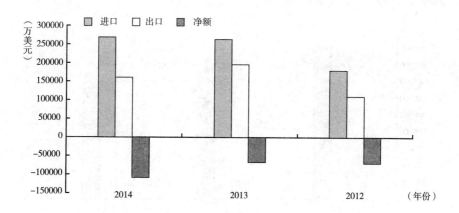

图8 乌兹别克斯坦同中国贸易额

数据来源：中国统计局官网，http：//data.stats.gov.cn/easyquery.htm？cn=C01。

⑤土库曼斯坦

2014 年，土库曼斯坦主要出口国为中国、土耳其、意大利；主要进口国为土耳其、俄罗斯和中国。主要进出口产品结构见表 8。

表 8　土库曼斯坦主要进出口商品

单位：%

主要出口品	出口品比值	主要进口品	进口品比值
矿物燃料、润滑油及有关原料	88.92	机械及运输设备	44.45
初级产品、宝石和非货币黄金	5.38	初级产品、宝石和非货币黄金	9.79
非食用原料	5.21	食品和活动物	6.86
其他	0.49	其他	38.90

数据来源：联合国贸易和发展会议，Wind。

从图 9 可以看出，从 2012 年到 2014 年，土库曼斯坦的出口额增加，进口额减少，净出口额增长迅速，因此土库曼斯坦的净出口额增长也较为迅速。中国是土库曼斯坦第一大贸易伙伴和天然气进口国。中方主要向土库曼斯坦出口铁路设备、机械、电器、黑色金属、化纤、鞋和服装等，自土库曼斯坦进口天然气、生丝、棉布、棉纱、皮毛和甘草等。

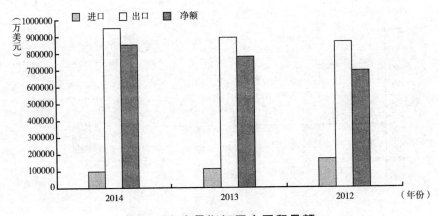

图 9　土库曼斯坦同中国贸易额

数据来源：中国统计局官网，http：//data. stats. gov. cn/easyquery. htm？cn = C01。

中亚五国对中国的出口以能源和矿产为主。目前，从哈萨克斯坦进口的原油占我国原油总进口量的 3.9%，排名第八位，哈萨克斯坦也是我国重要战略资源铀矿砂的主要来源地，进口量占我国总进口量的 70% 以上。塔吉克斯坦在锑、铅等有色金属矿产资源上具有比较优势，有色金属矿砂占其对中国出口比重接近 80%；土库曼斯坦在天然气资源具有比较优势，天然气占其对中国出口比重高达 80% 以上，是中国第一大天然气进口国。乌兹别克斯坦除在铀矿、天然气等领域具有资源优势外，还是全球第二大棉花出口国，对中国出口产品除铀矿、天然气外，还包括棉花和初级棉织品。吉尔吉斯斯坦黄金等贵金属储量相对丰富，在对中国出口中贵金属占比超过 1/3，是中国重要的黄金进口国。

中国对中亚五国的出口以劳动密集型产品为主，纺织服装鞋帽、玩具等劳动密集型产品成为中国向中亚五国出口的主要商品，占比一度超过 60%。近年来，随着中亚五国经济增长、工业化水平提升和基础设施建设的加速，各国对橡胶、钢铁制品、机械设备、汽车等资本技术密集型产品的需求量增长迅速，但劳动密集型产品占据主导地位的局面并未发生根本改变。

3. "丝绸之路经济带"沿线国家资源禀赋比较

（1）水力资源

"丝绸之路经济带"沿线国家水资源分布不均匀。俄罗斯人均可再生内陆淡水资源最丰富，其次是中亚地区，但中亚地区可再生内陆淡水资源分配并不均匀，塔吉克斯坦和吉尔吉斯斯坦可再生内陆淡水资源比较丰富。欧盟地区人均可再生内陆淡水资源多于南亚和中东地区，南亚和中东地区可再生内陆淡水资源最为匮乏（参见表9）。

（2）能源和矿产

① "丝绸之路经济带"沿线国家的能源与矿产比较

表9 "丝绸之路经济带"沿线国家人均可再生内陆淡水资源

单位：立方米

国 家	2007 年	2012 年	2014 年
哈萨克斯坦	4155.85	3832.31	3721.97
吉尔吉斯斯坦	9287.45	8726.28	8384.89
塔吉克斯坦	8939.26	8001.58	7649.62
土库曼斯坦	289.20	271.61	264.74
乌兹别克斯坦	608.16	548.79	531.25
阿富汗	1822.04	1586.11	1490.79
印度	1225.75	1144.36	1116.35
伊朗	1791.67	1687.30	1644.41
伊拉克	1238.41	1073.79	1011.14
以色列	104.46	94.81	91.29
巴基斯坦	344.25	310.05	297.23
俄罗斯	30202.01	30118.36	29988.96
沙特	92.01	81.37	77.70
土耳其	3265.46	3063.46	2989.50
德国	1300.65	1330.42	1321.47
法国	3124.21	3046.92	3020.35
英国	2364.55	2276.28	2246.00

数据来源：世界银行官网，http://data.worldbank.org.cn/indicator。

中亚是世界上石油和天然气资源蕴藏最丰富的地区之一。中南亚蕴藏煤、铁、锰、云母、金等矿藏。中东是世界上石油储量最大、生产和输出石油最多的地区，中东主要的产油国家有沙特、科威特、阿拉伯联合酋长国、伊朗、伊拉克，俄罗斯森林覆盖面积居世界第一位，天然气探明储量居世界第一位，石油占世界探明储量的13%，煤蕴藏量居世界第二位，铁蕴藏量居世界第一位，铝蕴藏量居世界第二位，铀蕴藏量占世界探明储量的14%，黄金储量居世界第四至第五位。此外，俄罗斯还拥有大量的磷灰石和镍、锡。欧盟地区煤、石油、铁、钾盐较为丰富（参见表10）。

②中亚五国资源禀赋比较

哈萨克斯坦自然资源丰富，已探明的矿藏有90多种。用于核

表 10　"丝绸之路经济带"沿线国家的能源与矿产比较

国　家	能源和矿产
中　亚	煤、铁、锰、铜、钾、汞、锑、石油、天然气、铅、锌、钼、钨、铀
南　亚	煤、铁、锰、云母、金
中　东	石油
俄罗斯	天然气、石油、铁、铝、铀、黄金
欧　盟	煤、石油、铁、钾盐

数据来源：中国外交部官网，http：//www.fmprc.gov.cn/web/gjhdq_ 676201/gj_676203/yz_ 676205/。

燃料和制造核武器的铀的产量也居世界第一位，钨储量居世界第一位，铬和磷矿石居第二位。铜、铅、锌、钼和磷的储量居亚洲第一位。吉尔吉斯斯坦自然资源主要有黄金、锑、钨、锡、汞、铀和稀有金属等。其中锑产量居世界第三位、独联体第一位，锡产量和汞产量居独联体第二位。塔吉克斯坦矿产资源以铀为主，储量占独联体首位；其次有铅、锌、钼、钨、锑、锶、金矿、石油、天然气、煤、岩盐、萤石等。乌兹别克斯坦国民经济支柱产业是"四金"：黄金、"白金"（棉花）、"乌金"（石油）、"蓝金"（天然气），黄金探明储量居世界第四位。土库曼斯坦蕴藏着丰富的石油、天然气等重要能源，天然气储量居世界第四位（参见表11）。

表 11　中亚五国的能源矿产一览表

国　家	能源和矿产
哈萨克斯坦	石油、天然气、煤、铁、铀、钨、铬矿石、磷矿石、铜、铅、锌、钼
吉尔吉斯斯坦	黄金、锑、钨、锡、汞、铀、稀有金属
塔吉克斯坦	铀、铅、锌、钼、钨、锑、锶、金矿、石油、天然气、煤、岩盐、萤石
乌兹别克斯坦	黄金、石油、天然气、煤、铀、铜、钨
土库曼斯坦	石油、天然气、硫磺、钾盐、岩盐、有色金属和黑色金属、石炭和褐煤

数据来源：中国外交部官网，http：//www.fmprc.gov.cn/web/gjhdq_ 676201/gj_676203/yz_ 676205/。

（3）人力资源

图 10 展示了"丝绸之路经济带"沿线国家的劳动力总数，印度的劳动力总数最多，其次是巴基斯坦和俄罗斯。中亚地区劳动力人数有限，甚至小于伊朗伊斯兰共和国和土耳其等国家。

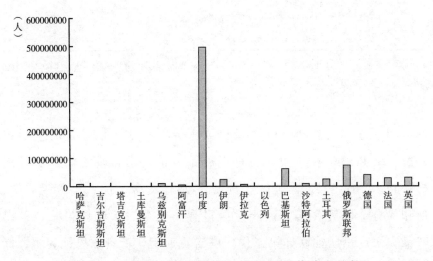

图 10 "丝绸之路经济带"沿线国家劳动力总数

数据来源：世界银行官网，http：//data. worldbank. org. cn/indicator。

"丝绸之路经济带"沿线国家中 15 岁到 64 岁人口比例大多在 65% 左右，只有阿富汗和伊拉克 15 岁到 64 岁的人口比例低于 60%，劳动力资源较丰富。具体情况如表 12 所示。

表 12 "丝绸之路经济带"沿线国家 15~64 岁人口比例

单位：%

国　家	2012 年	2013 年	2014 年
哈萨克斯坦	68. 23	67. 71	67. 14
吉尔吉斯斯坦	65. 34	65. 05	64. 72
塔吉克斯坦	61. 61	61. 83	62. 02
土库曼斯坦	67. 36	67. 43	67. 49
乌兹别克斯坦	66. 67	66. 80	66. 85

续表

国　　家	2012 年	2013 年	2014 年
阿富汗	51. 20	51. 92	52. 69
印度	64. 63	64. 97	65. 30
伊朗	71. 71	71. 65	71. 51
伊拉克	55. 29	55. 56	55. 79
以色列	61. 81	61. 50	61. 19
巴基斯坦	59. 83	60. 09	60. 32
沙特	67. 73	68. 11	68. 38
土耳其	66. 41	66. 55	66. 67
俄罗斯	71. 44	70. 95	70. 42
德国	65. 91	65. 95	65. 95
法国	63. 79	63. 31	62. 82
英国	65. 47	65. 14	64. 80

数据来源：世界银行官网，http：//data. worldbank. org. cn/indicator。

从表 13 可以看到，总体而言俄罗斯的教育参与程度最高，欧盟国家次之，南亚地区教育参与程度最低，中亚地区教育参与程度不均，哈萨克斯坦和吉尔吉斯斯坦基本和中东国家相当，但是塔吉克斯坦和乌兹别克斯坦较低。

表 13　"丝绸之路经济带"沿线国家入学率

单位：%

国　　家	高等院校	中学	小学
哈萨克斯坦	48. 48	105. 48	111. 35
吉尔吉斯斯坦	47. 33	90. 78	107. 67
塔吉克斯坦	24. 47	87. 89	97. 35
土库曼斯坦	7. 98	85. 34	89. 37
乌兹别克斯坦	8. 90	110. 29	96. 86
阿富汗	3. 76	55. 66	111. 74
印度	23. 89	68. 90	110. 58
伊朗	65. 96	88. 41	109. 18
以色列	66. 28	101. 53	104. 50
巴基斯坦	10. 36	41. 64	93. 56

国　家	高等院校	中学	小学
沙特	61.11	108.29	108.72
土耳其	78.98	114.62	106.86
俄罗斯	78.00	98.83	100.24
德国	61.06	102.48	103.04
法国	62.15	110.94	105.64

注：各入学率是在校生数与对应年龄人口数的比值。
数据来源：世界银行官网，http：//data. worldbank. org. cn/indicator。

通过以上分析，可以看出"丝绸之路经济带"沿线国家的政局整体稳定，为沿线国家经济合作提供了可能性。经济带区域内能源、矿产、人力等资源丰富，为沿线国家经济发展提供了资源保障。同时，区域间经济各有特色且发展不均衡，为各国间经济产业合作提供契机。因此，"丝绸之路经济带"的建设是必要且可行的。

建设"丝绸之路经济带"，一方面，可以促进沿线各国充分利用各自资源禀赋和产业优势，促进各国经济发展；另一方面，经济带的建设可以扩大各国经济交流的范围，推动各国经济交流的深入，提高区域整体经济发展水平。最重要的是，可以加快中国对外投资和走出去的步伐，为中国的经济长远发展寻找资源和市场腹地，推动经济结构调整和产业结构升级。

二　"丝绸之路经济带"国内沿线地区经济与资源禀赋比较

"丝绸之路经济带"在国内的部分可分为西北、西南两条线，西北端包括陕西、甘肃、青海、宁夏、新疆等五省区，西南端则有重庆、四川、云南、广西等四省市区。"丝绸之路经济带"战略的提出，一方面，为这些省市区的发展提供了前所未有的机遇；另一方面，由于地理位置、自然资源以及经济发展状况的差异，如何根据自身实际情况选择一条适合自己的发展道路也成为摆在各地区面前的一道难题。各地区只有准确把握自身资源、经济等各方面的优势与不足，才能合理规划布局，充分利用"丝绸之路经济带"战略所带来的发展机遇，发掘其巨大经济潜力，最大化其经济效益。

为了客观反映各省市区之间的资源与经济发展差异，我们主要从其地理位置与交通、资源禀赋以及经济发展状况三个方面来进行比较。

（一）地理位置和交通运输情况比较

1. 地理位置

一个地区的地理位置往往对其资源禀赋与经济发展有决定性的影响，这是因为在全国范围内，资源的分布往往是不均匀的，同时，不同的地理环境也会影响地区发展模式的选择，如平原地带比山地更适合发展农业，沿海地区相比于内陆地区在外向型经济中更有优势等。由此可见，地区所处的地理位置无论对地区的资源禀赋还是经济模式都有着决定性的作用。

首先，我们简单地从"丝绸之路经济带"沿线九个省市区的相关地理特征来进行比较。相关数据如表14所示。

从表14中的数据我们可以看到，"丝绸之路经济带"沿线地区地域辽阔，总面积430.19万平方公里，占我国国土面积比例接近45%。另外，无论在土地面积上还是在地理位置上都有着显著的差异。就土地面积而言，九个省市区中土地总面积最大的是四川省，约48.6万平方公里，而面积最小的宁夏回族自治区只有约

表 14　"丝绸之路经济带"国内沿线地区相关地理位置特征

地　区	交界省市区数量（个）	接壤国家数量（个）	是否与湖北省接壤	总面积（万平方公里）
陕西省	8	0	是	20.58
甘肃省	6	1	否	45.37
青海省	4	0	否	72.23
宁夏回族自治区	3	0	否	6.60
新疆维吾尔自治区	3	8	否	166.00
重庆市	5	0	是	8.24
四川省	7	0	否	48.50
云南省	4	3	否	39.00
广西壮族自治区	4	1	否	23.67
合　计	44	13		430.19

数据来源：《中国统计年鉴》，中国国家统计局网站，http：//www. stats. gov. cn/。

6.6 万平方公里。在地理位置上，与国内其他省市区交界最多的省份是陕西省，位于我国西北部的陕西省纵跨黄河、长江两大流域，作为"丝绸之路经济带"西北线的起点，其分别与山西、河南、湖北、四川、甘肃、宁夏回族自治区、内蒙古、重庆 8 个省市区接壤，是国内邻接省区数量最多的省份，具有承东启西、连接西部的区位之便；四川省作为我国西部门户与重庆、贵州、云南、西藏、青海、甘肃、陕西 7 省市区交界紧随其后；与国内省市区交界最少的是宁夏回族自治区以及新疆维吾尔自治区，均与 3 个地区交界。同时我们注意到，与其他国家接壤最多的是新疆维吾尔自治区，新疆维吾尔自治区总面积 166 万平方公里，约占中国国土总面积的 1/6，是中国陆地面积最大的省级行政区。新疆地处亚欧大陆腹地，陆地边境线 5600 多公里，周边与俄罗斯、哈萨克斯坦、吉尔吉斯斯坦、塔吉克斯坦、巴基斯坦、蒙古、印度、阿富汗八国接壤，在历史上是古丝绸之路的重要通道，现在又成为第二座"亚欧大陆桥"的必经之地，战略位置十分重要。

另外，从表14可以看到，在"丝绸之路经济带"沿线的九个地区中有两个地区是与湖北省接壤的，分别是陕西省、重庆市，二者又分别是"丝绸之路经济带"西北、西南两条线的开端，这为湖北省参与"丝绸之路经济带"提供了有利的条件。

2. 交通运输情况

交通运输是经济发展的基本需要和先决条件，现代社会的生存基础和文明标志，社会经济的基础设施和重要纽带，现代工业的先驱和国民经济的先行部门，资源配置和宏观调控的重要工具，国土开发、城市和经济布局形成的重要因素，对促进社会分工、大工业发展和规模经济的形成，巩固国家的政治统一和加强国防建设，扩大国际经贸合作和人员往来发挥重要作用。

运输能力又可以分为客运能力和货运能力，下面主要通过公路、铁路、民航、水运四种运输方式的客运量与货运量来比较"丝绸之路经济带"沿线地区的交通运输能力。"丝绸之路经济带"沿线地区历年各种运输方式的客运量及货运量数据分别如表15、表16所示。

表15 "丝绸之路经济带"国内沿线地区历年客运量

单位：万人

地区	年份	公路客运量	铁路客运量	民航客运量	水路客运量
陕西省	2008	70600.00	5218.37	646.00	244.00
	2009	79033.00	5008.00	674.00	262.00
	2010	87500.00	5411.00	783.00	303.00
	2011	101062.00	5613.60	777.00	356.00
	2012	105647.00	5757.30	797.00	369.00
	2013	63650.00	6123.33	849.00	360.00
	2014	66720.00	7077.00		391.00

地区	年份	公路客运量	铁路客运量	民航客运量	水路客运量
甘肃省	2008	44000.00	1844.00	103.00	93.00
	2009	47800.00	2038.00	110.00	92.00
	2010	51404.00	2178.00	100.21	94.00
	2011	58355.00	2451.36	102.00	96.00
	2012	61884.00	2383.20	117.00	94.00
	2013	33556.00	2521.99	771.00	85.00
	2014	36224.00	2672.00		89.00
青海省	2008	9000.00	407.00	47.00	21.00
	2009	9603.00	430.40	68.04	38.00
	2010	10439.00	474.00	85.00	38.00
	2011	11308.00	520.34	102.00	42.00
	2012	12100.00	544.10	138.00	48.00
	2013	4140.00	591.91	167.00	58.00
	2014	4769.00	615.00	199.00	60.00
宁夏回族自治区	2008	11400.00	457.09	78.53	48.00
	2009	12034.00	513.00	110.90	82.00
	2010	12919.00	539.00	141.20	102.00
	2011	14440.00	542.65	161.40	121.00
	2012	15666.00	535.50	187.90	142.00
	2013	7568.00	593.73		256.00
	2014	8311.00	657.00		219.00
新疆维吾尔自治区	2008	40392.00	1311.00	408.00	
	2009	41604.00	1371.00	435.00	
	2010	44333.00	1524.00	490.00	
	2011	33166.00	1964.17	532.00	
	2012	36206.00	2125.40	663.00	
	2013	56851.00	2317.90	706.00	
	2014	34847.00	2355.30		
重庆市	2008	102700.00	2474.00	461.00	1600.00
	2009	110200.00	2605.00	619.00	1226.38
	2010	122125.00	2664.00	739.00	1300.00

续表

地区	年份	公路客运量	铁路客运量	民航客运量	水路客运量
重庆市	2011	136142.00	2933.55	806.85	1322.00
	2012	152249.00	3040.40	1253.00	1256.00
	2013	61243.00	3251.44	1461.93	689.00
	2014	63630.00	4057.00	1657.25	712.00
四川省	2008	196100.00	5774.00	1553.00	2739.00
	2009	211300.00	5738.00	1947.00	2897.00
	2010	231000.00	8148.00	2182.00	2733.00
	2011	242615.00	13146.78	2485.00	3083.00
	2012	266338.00	7997.30	2645.00	3276.00
	2013	124145.00	8239.71		2390.00
	2014	126691.00	8905.00		2678.00
云南省	2008	31200.00	2110.44	599.40	639.00
	2009	32800.00	2123.00	721.40	658.00
	2010	36230.00	2446.00	753.80	731.00
	2011	41394.00	2726.77	758.50	842.00
	2012	44839.00	2762.30		855.00
	2013	43392.00	3189.37		1045.00
	2014	44502.00	3479.00		1099.00
广西壮族自治区	2008	60645.00	2937.00	823.00	340.00
	2009	65405.00	2956.00	1077.00	302.00
	2010	72208.00	3163.00	1201.00	400.00
	2011	79300.00	3383.00	1331.00	417.00
	2012	86449.00	3309.70	1427.40	470.00
	2013	45606.00	3275.41	1570.70	394.00
	2014	46623.00	4770.00		512.00

资料来源：中国经济与社会发展统计数据库网站，http://tongji.cnki.net/kns55/。

表16 "丝绸之路经济带"国内沿线地区历年货运量

单位：万吨

地区	年份	公路货运量	铁路货运量	民航货运量	水路货运量
陕西省	2008	60713.00	22615.00	5.00	165.00
	2009	68000.00	24421.00	7.00	173.00
	2010	77123.00	27143.00	9.00	170.00
	2011	90419.00	30298.83	8.00	190.00
	2012	104593.00	31941.80	7.00	192.00
	2013	105566.00	35766.92	6.00	246.00
	2014	119343.00	37483.00		186.00
甘肃省	2008	18201.00	4512.00	1.44	28.00
	2009	20812.00	4646.00	1.33	30.00
	2010	24100.00	4926.00	1.13	32.00
	2011	28790.00	6446.16	1.22	33.00
	2012	39517.00	6289.70	1.34	25.00
	2013	45072.00	6381.40	5.55	10.00
	2014	50781.00	6448.00		10.00
青海省	2008	6805.00	2310.02	1.00	
	2009	7200.00	2702.00	0.64	
	2010	8000.00	3095.00	0.50	
	2011	8952.00	3633.84	0.40	
	2012	9700.00	3783.90	0.50	
	2013	9588.00	3783.92	0.74	
	2014	11030.00	3608.00	0.72	
宁夏回族自治区	2008	21800.00	4400.00		
	2009	23300.00	5979.00		
	2010	25500.00	6879.00		
	2011	29016.00	7847.76		
	2012	32646.00	8467.30		
	2013	32502.00	8412.05		
	2014	34318.00	6990.00		
新疆维吾尔自治区	2008	44987.00	6120.00	3.80	
	2009	46787.00	6413.00	3.80	
	2010	50448.00	6883.00	3.70	
	2011	46451.00	6801.07	3.90	
	2012	51954.00	6839.50	5.80	
	2013	68237.00	7370.40	6.66	
	2014	64756.00	7410.00		

续表

地区	年份	公路货运量	铁路货运量	民航货运量	水路货运量
重庆市	2008	54600.00	2203.12	5.19	7000.00
	2009	58532.00	2263.00	6.12	7800.00
	2010	69438.00	2312.00	7.49	9700.00
	2011	82818.00	2190.81	11.31	11762.00
	2012	71272.00	2328.10	11.90	12874.00
	2013	71842.00	2474.75	11.97	12924.00
	2014	81206.00	2054.00	12.29	14117.00
四川省	2008	103100.00	7681.00		3736.00
	2009	106500.00	7660.00		4122.00
	2010	121017.00	8152.00		5237.00
	2011	139771.00	9171.81		6367.00
	2012	158396.00	8793.30		7160.00
	2013	151689.00	8970.10		7100.00
	2014	142132.00	8541.00		8361.00
云南省	2008	39119.00	6100.00	7.56	339.00
	2009	40800.00	5900.00	7.74	345.00
	2010	45700.00	5497.00	8.74	402.00
	2011	54186.00	5544.86	6.79	439.00
	2012	63239.00	5030.90		465.00
	2013	98675.00	5145.62		508.00
	2014	103161.00	4823.00		560.00
广西壮族自治区	2008	64884.00	9861.00	6.80	10200.00
	2009	75800.00	9564.00	8.03	9738.00
	2010	93600.00	9097.00	9.49	12832.00
	2011	113549.00	6769.66	11.00	15813.00
	2012	135112.00	6846.00	12.24	19398.00
	2013	124677.00	6916.21	12.94	19550.00
	2014	134330.00	6684.00		22009.00

资料来源：中国经济与社会发展统计数据库网站，http://tongji.cnki.net/kns55/。

从表 15、16 的数据中我们可以看到,在"丝绸之路经济带"沿线各地区,无论是客运量还是货运量都呈现逐年上升的趋势,这意味着各地区交通运输能力的提升,同时也表明各地区经济贸易数量的增加。另外,我们注意到,从货运、客运数量来看,"丝绸之路经济带"西南线沿线四省市区的运输能力整体上要强于西北线沿线的五省区,这也反映了地区发展的不平衡。

为了更加直观地比较各地区不同交通运输方式运输能力的大小,我们列出各地区 2014 年各种交通运输方式的客运量与货运量占比,分别如图 11 和 12 所示。

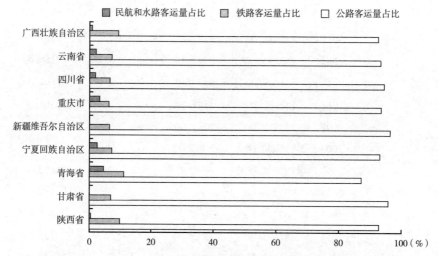

图 11　2014 年"丝绸之路经济带"国内沿线地区各种交通运输方式客运量占比

数据来源:中国经济与社会发展统计数据库网站,http://tongji.cnki.net/kns55/。

从图 12 和 13 我们可以看到,"丝绸之路经济带"沿线各地区无论在客运方面还是货运方面,主要的运输方式均为公路运输。各地区公路运输在客运中的占比均在 80% 以上,在货运中的占比也均高于 75%,占有绝对的优势。铁路运输是各地区的第二选择,

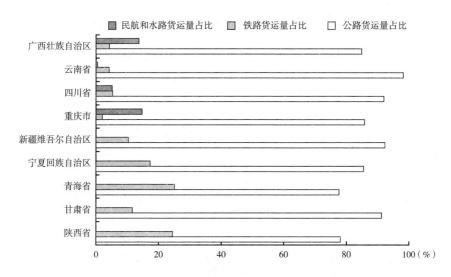

图 12　2014 年"丝绸之路经济带"国内沿线地区各种交通 运输方式货运量占比

数据来源：中国经济与社会发展统计数据库网站，http://tongji.cnki.net/ kns55/。

而民航运输与水路运输占比较小，在客运方面，民航相比水路运 输更有优势，而在货运方面则正好相反。

通过上述对于"丝绸之路经济带"沿线地区的交通运输情况 的比较我们可以发现，"丝绸之路经济带"沿线的九个省市区无论 是在客运能力还是货运能力方面均存在较大差异。运输能力强的 地区的运输量常常在运输能力较弱地区的十倍以上甚至更多，这 体现了地区交通运输系统发展的不协调。另外，不同地区不同运 输方式的运输能力的占比也有差异。"丝绸之路经济带"的建立随 之而来的必定是源源不断的货物的集散和旅客的运输，这就对 "丝绸之路经济带"沿线地区的运输能力提出了更高的要求。而湖 北省以武汉市为核心，是我国内地最大的水陆空交通枢纽之一， 在交通运输方面，二者之间存在巨大的合作空间。与湖北省接壤 的陕西省和重庆市分别是"丝绸之路经济带"西北、西南两条线的开端，经"丝绸之路经济带"进入我国的货物能够通过武汉辐射全国，我国其他地方的货物也能在武汉集中后经"丝绸之路经济带"运往国外，实现货物的有效集散。

（二）资源禀赋比较

资源禀赋，又称要素禀赋，是一个国家或地区的经济增长的基础。广义的资源禀赋是指自然资源（包括土地等先天的生产要素）、人力资本（包括劳动成本、人力资本的丰裕程度和受教育程度等）、资金、技术、对外经济关系等与经济增长关系比较密切的生产要素。狭义的资源禀赋主要指自然资源。

1. 自然资源

自然资源涉及的内容比较广泛，为了有效比较"丝绸之路经济带"沿线地区的资源禀赋，我们选取较为常见和重要的资源进行比较，比较的内容包括土地资源和水资源，主要的能源资源和矿产资源。

（1）土地资源与水资源

我们主要通过耕地面积占总面积的比例与人均耕地面积两个指标来衡量并比较各地区的土地资源情况。由于各地区耕地面积占总面积比以及人均耕地面积数值相对稳定，变化幅度较小，故取其平均值来进行比较。"丝绸之路经济带"沿线地区年均耕地面积占总面积比以及年均人均耕地面积数据如表17所示。

从表17中的数据以及图13可以看到，各地区的耕地面积占总面积比以及人均耕地面积差异较大。在九个省市区中，耕地面积占比最大的是重庆市，占其总面积的26.99%，而占比最小的是青海省，其耕地面积仅占总面积的0.75%；人均耕地面积最大的是宁夏回族自治区，约2.66亩，而人均耕地面积最小的四川省仅为0.74亩。

表 17　"丝绸之路经济带"国内沿线地区年均土地资源比较

地　　区	耕地占总面积比（%）	人均耕地面积（亩）
陕西省	13.90	1.20
甘肃省	8.29	2.06
青海省	0.75	1.42
宁夏回族自治区	16.61	2.57
新疆维吾尔自治区	2.48	2.90
重庆市	26.99	1.18
四川省	8.23	0.75
云南省	15.41	2.00
广西壮族自治区	17.80	1.31

数据来源：《中国统计年鉴》，中国国家统计局网站，http：//www.stats.gov.cn/；中国经济与社会发展统计数据库网站，http：//tongji.cnki.net/kns55/。

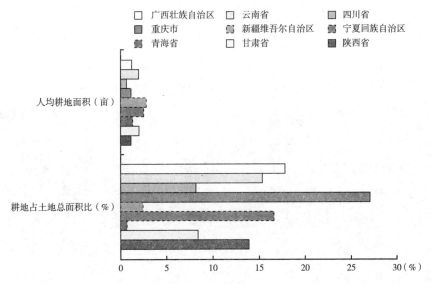

图 13　"丝绸之路经济带"国内沿线地区土地资源比较

数据来源：中国经济与社会发展统计数据库网站，http：//tongji.cnki.net/kns55/。

"丝绸之路经济带"国内沿线各地区历年人均水资源占有量数据如表 18 所示。

表18 "丝绸之路经济带"国内沿线地区历年人均水资源占有量

单位：立方米/人

地　区	2008 年	2009 年	2010 年	2011 年	2012 年	2013 年	2014 年
陕西省	818.64	1118.84	1360.30	1616.56	1041.90	941.26	932.80
甘肃省	828.39	926.35	987.79	945.37	1038.40	1042.33	767.00
青海省	11900.54	16113.60	13225.00	12956.77	15687.20	11216.59	13675.50
宁夏回族自治区	149.84	135.50	148.20	137.69	168.00	175.26	153.00
新疆维吾尔自治区	3859.91	3517.00	5125.20	4031.34	4055.50	4251.89	3186.90
重庆市	2040.32	1600.30	1616.80	1773.30	1626.50	1603.87	2155.90
四川省	3061.70	2857.50	3173.50	2782.85	3587.20	3052.88	3148.50
云南省	5111.00	3459.70	4233.10	3206.53	3637.90	3652.24	3673.30
广西壮族自治区	4763.15	3069.30	3852.90	2917.39	4476.00	4376.83	4203.30

资料来源：中国经济与社会发展统计数据库网站，http：//tongji.cnki.net/ kns55/。

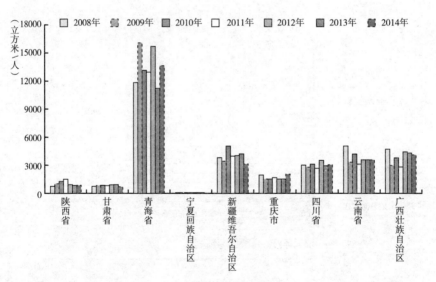

图14 "丝绸之路经济带"国内沿线地区历年人均水资源占有量

数据来源：中国经济与社会发展统计数据库网站，http：//tongji.cnki.net/ kns55/。

从表18中的数据以及图14可以看到，各地区的人均水资源占有量整体上保持稳定，变化幅度不大，但是各地区之间的人均水资源占有量差距较大。人均水资源占有量最多的是青海省，超过 10000 立方米/人，最少的则是宁夏回族自治区，人均占有量不足 200 立方米。

2. 能源资源

能源方面，我们选择煤炭、石油、天然气三种主要的能源来对"丝绸之路经济带"沿线地区的能源资源情况进行比较。各地区历年的煤矿、石油及天然气储量数据分别如表 19、表 20 和表 21 中所示。

表 19 "丝绸之路经济带"国内沿线地区历年煤炭储量

单位：亿吨

地 区	2008 年	2009 年	2010 年	2011 年	2012 年	2013 年	2014 年
陕西省	278.46	268.70	119.89	107.59	108.99	104.38	95.48
甘肃省	60.48	58.40	58.05	23.51	34.08	32.69	32.86
青海省	20.20	20.00	16.22	16.12	15.97	12.17	11.82
宁夏回族自治区	58.15	55.50	54.03	31.28	32.34	38.47	38.04
新疆维吾尔自治区	147.41	148.00	148.31	148.36	152.47	156.53	158.01
重庆市	20.66	21.30	22.49	18.57	19.85	19.86	18.03
四川省	49.76	52.31	54.37	51.82	54.53	55.74	54.10
云南省	78.65	77.50	62.47	59.67	59.09	60.10	59.47
广西壮族自治区	8.24	7.70	7.74	2.02	2.08	2.26	2.27

资料来源：中国经济与社会发展统计数据库网站，http://tongji.cnki.net/kns55/。

从表 19 中的数据和图 15 可以看到，不同地区的煤炭资源储量有较大差异。煤炭储量较大的是陕西省和新疆维吾尔自治区，超过 100 亿吨，广西壮族自治区的煤炭资源较为匮乏，不足 9 亿吨。同时我们注意到，部分地区煤炭资源储量下降明显，如陕西省由 2008 年的 278.46 亿吨下降到 2014 年的 95.48 亿吨，下降幅度超过 60%，广西壮族自治区由 2008 年的 8.24 亿吨下降到 2014 年的

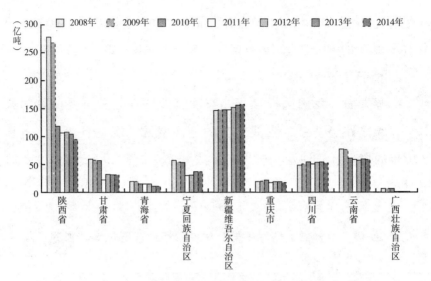

图 15　"丝绸之路经济带"国内沿线地区历年煤矿储量

数据来源：中国经济与社会发展统计数据库网站，http：//tongji. cnki. net/ kns55/。

2. 27 亿吨，下降幅度超过 70% ，这都表明煤炭资源的过度开采以及经济发展对资源的过分依赖，需要引起重视。

表 20　"丝绸之路经济带"国内沿线地区历年石油储量

单位：万吨

地　区	2008 年	2009 年	2010 年	2011 年	2012 年	2013 年	2014 年
陕西省	23047. 00	22490. 20	24947. 67	29844. 34	31397. 94	33712. 64	36300. 80
甘肃省	9114. 00	13798. 80	16085. 39	15529. 15	19184. 32	21150. 01	21878. 40
青海省	3959. 00	4361. 70	5635. 18	5529. 44	6499. 44	6284. 94	7524. 50
宁夏回族自治区	211. 00	190. 90	202. 77	709. 96	2299. 47	2313. 96	2180. 60
新疆维吾尔自治区	43643. 00	46664. 00	51163. 47	56299. 10	56464. 74	58393. 63	58878. 60
重庆市	56. 00	161. 70	160. 44	159. 05	158. 63	278. 43	267. 70
四川省	338. 00	105. 10	514. 74	818. 74	804. 63	666. 66	661. 80
云南省	12. 00	12. 20	12. 21	12. 21	12. 21	12. 21	12. 20
广西壮族自治区	187. 00	181. 70	146. 41	142. 88	139. 00	135. 27	131. 60

资料来源：中国经济与社会发展统计数据库网站，http：//tongji. cnki. net/ kns55/。

从表 20 中的数据和图 16 可以看到，石油资源在"丝绸之路经济带"沿线地区的分布十分不均匀。石油储量最大的是新疆维吾尔自治区，储量超过 4 亿吨，在 2012 年更是超过 5.6 亿吨。而云南省的石油资源较为匮乏，不足 15 万吨，差异较大。同时我们注意到，各地区历年石油储量并没有出现大幅下降，部分省份甚至还有所增加，这表明各地区对石油的开采比较节制，且部分地区有新的石油资源被发现。

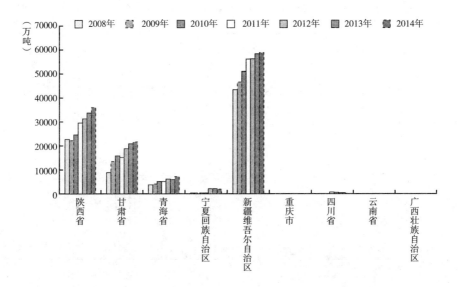

图 16 "丝绸之路经济带"国内沿线地区历年石油储量

数据来源：中国经济与社会发展统计数据库网站，http：//tongji. cnki. net/kns55/。

从表 21 的数据和图 17 可以看到，各地区天然气储量差异明显。天然气储量最大的依然是新疆维吾尔自治区，储量超过 7000 亿立方米，在 2014 年更是超过 9000 亿立方米，而云南省和广西壮族自治区的天然气储量较少，不足 4 亿立方米，差距明显。同时我们注意到，除了广西壮族自治区以外，各地区历年天然气储量并没有出现大幅下降，部分省份因有新的资源被发现而储量增加，这是一个好的信号。

表21   "丝绸之路经济带"国内沿线地区历年天然气储量

单位：亿立方米

地　区	2008 年	2009 年	2010 年	2011 年	2012 年	2013 年	2014 年
陕西省	5709.24	5658.70	5628.11	5478.00	6376.26	6231.14	8047.88
甘肃省	106.13	163.60	191.80	191.63	224.58	241.28	256.09
青海省	1418.49	1377.30	1321.89	1329.11	1281.60	1511.79	1457.94
宁夏回族自治区	2.18	2.20	2.75	2.54	294.96	294.40	272.76
新疆维吾尔自治区	7543.69	8354.10	8616.43	8809.93	9324.37	9053.88	9746.20
重庆市	1558.82	1969.80	1921.02	1955.33	1928.31	2472.83	2456.55
四川省	6061.60	6487.00	6763.11	7973.07	9351.09	11874.38	11708.56
云南省	2.63	2.50	2.41	2.32	2.24	0.80	0.80
广西壮族自治区	3.41	3.40	3.39	3.38	1.24	1.32	1.32

资料来源：中国经济与社会发展统计数据库网站，http：//tongji.cnki.net/kns55/。

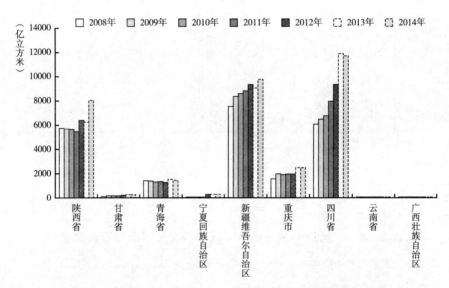

图17   "丝绸之路经济带"国内沿线地区历年天然气储量

数据来源：中国经济与社会发展统计数据库网站，http：//tongji.cnki.net/kns55/。

3. 矿产资源

矿产资源方面，我们选择较为常见的金、银、铜矿以及对经济影响较大的铁矿、硫铁矿等五种矿产资源来进行比较。

金矿与银矿在中国统计年鉴和中国经济与社会发展数据库中

有数据显示的只有四川省，2012 年四川省金矿储量约 78.41 吨、银矿储量约 2425.58 吨。

"丝绸之路经济带"沿线各地区历年的铜矿、铁矿及硫铁矿储量数据分别如表22、表23 和表24 中所示。

表 22　"丝绸之路经济带"国内沿线地区历年铜矿储量

单位：万吨

地　　区	2008 年	2009 年	2010 年	2011 年	2012 年	2013 年	2014 年
陕西省	15.97	16.00	16.03	19.83	20.02	19.45	19.95
甘肃省	176.93	178.20	171.98	164.64	159.46	152.65	144.62
青海省	50.54	45.90	41.19	36.40	35.70	25.63	25.08
宁夏回族自治区							
新疆维吾尔自治区	74.10	71.60	71.67	80.46	82.06	168.20	210.87
重庆市							
四川省	83.17	83.72	75.61	74.96	70.71	54.40	67.77
云南省	244.09	289.40	274.25	277.20	300.76	296.90	295.59
广西壮族自治区	9.45	13.90	14.41	3.35	3.29	3.33	3.33

资料来源：中国经济与社会发展统计数据库网站，http：//tongji.cnki.net/kns55/。

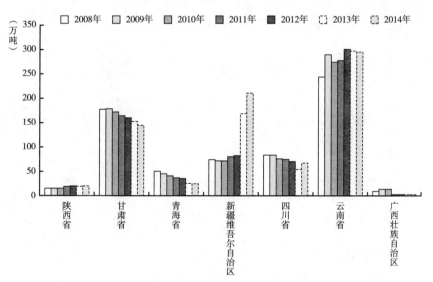

图 18　"丝绸之路经济带"国内沿线地区历年铜矿储量

数据来源：中国经济与社会发展统计数据库网站，http：//tongji.cnki.net/kns55/。

　　从表22和图18我们可以看到，在有数据显示的地区中，铜矿储量最大的是云南省，2014年铜矿储量接近300万吨，而储量最小的广西壮族自治区，铜矿储量不足10万吨，且2008年至2014年四年间有明显下降，降幅超过60%。

表23　"丝绸之路经济带"国内沿线地区历年铁矿储量

单位：亿吨

地　区	2008年	2009年	2010年	2011年	2012年	2013年	2014年
陕西省	4.05	4.10	4.04	3.87	3.85	3.99	3.98
甘肃省	7.46	3.90	3.91	5.47	3.84	3.71	3.39
青海省	0.06	0.10	0.07	0.06	0.06	0.03	0.03
宁夏回族自治区	0.01						
新疆维吾尔自治区	3.54	3.60	3.57	4.02	4.27	4.56	5.21
重庆市	0.01		0.01	0.15	0.22	0.22	0.13
四川省	28.96	28.93	28.73	29.15	29.66	26.60	25.92
云南省	4.39	4.20	3.82	3.76	4.29	4.13	4.18
广西壮族自治区	1.10	1.10	1.10	0.29	0.29	0.30	0.29

资料来源：中国经济与社会发展统计数据库网站，http：//tongji.cnki.net/kns55/。

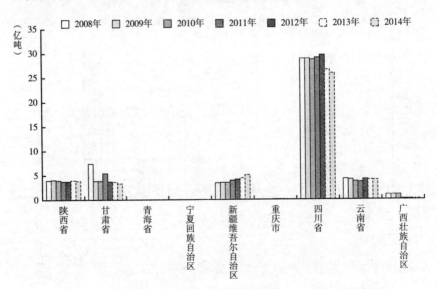

图19　"丝绸之路经济带"国内沿线地区历年铁矿储量

数据来源：中国经济与社会发展统计数据库网站，http：//tongji.cnki.net/kns55/。

表24 "丝绸之路经济带"国内沿线地区历年硫铁矿储量

单位：亿吨

地　　区	2008 年	2009 年	2010 年	2011 年	2012 年	2013 年	2014 年
陕西省	577.62		577.62	108.30	108.30	108.30	108.30
甘肃省	1.00		1.00	1.00	1.00	1.00	1.00
青海省	96.80		50.20	50.20	50.07	50.08	50.08
宁夏回族自治区							
新疆维吾尔自治区	17.36		17.36	17.36	17.44	59.36	59.36
重庆市	1907.10		1976.80	1485.60	1453.10	1453.10	1453.10
四川省	40485.94		42807.04	40988.03	40990.95	37726.98	37956.92
云南省	7581.70		3099.18	4898.29	4944.86	4878.86	4878.86
广西壮族自治区	4642.06		4556.91	682.25	837.06	837.06	6141.93

资料来源：中国经济与社会发展统计数据库网站，http：//tongji. cnki. net/kns55/。

从表23、表24 中的数据和图19、20 可以看到，无论是在铁矿还是硫铁矿方面，四川省都有明显的优势，其铁矿储量接近 30亿吨，硫铁矿储量超过 40000 亿吨。其他省份储量相对较少。

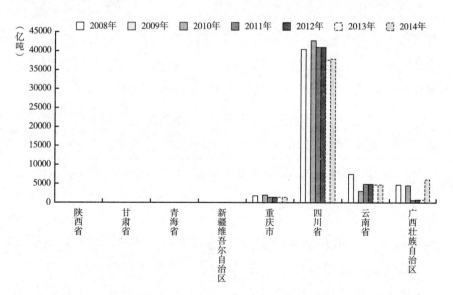

图 20 "丝绸之路经济带"国内沿线地区历年硫铁矿储量

数据来源：中国经济与社会发展统计数据库网站，http：//tongji. cnki. net/kns55/。

（三）人力资源

主要从人口自然增长率和高等学校毕业生占人口比率两个方面来比较各地区的人力资源情况。"丝绸之路经济带"沿线地区人口自然增长率和高等学校毕业生占总人口比例数据如表 25、26 所示。

表 25　"丝绸之路经济带"国内沿线地区历年人口自然增长率

单位：%

地　区	2008 年	2009 年	2010 年	2011 年	2012 年	2013 年	2014 年
陕西省	4.08	4.00	3.72	3.69	3.88	3.86	3.87
甘肃省	6.54	6.61	6.03	6.05	6.06	6.08	6.10
青海省	8.40	8.32	8.63	8.31	8.24	8.03	8.49
宁夏回族自治区	9.70	9.68	9.04	8.97	8.93	8.62	8.57
新疆维吾尔自治区	11.17	10.56	10.71	10.57	10.84	10.92	11.47
重庆市	3.80	3.70	2.77	3.17	4.00	3.60	3.62
四川省	2.39	2.72	2.31	2.98	2.97	3.00	3.20
云南省	6.32	6.10	6.54	6.35	6.22	6.17	6.20
广西壮族自治区	8.70	8.53	8.70	7.67	7.89	7.93	7.86

资料来源：中国经济与社会发展统计数据库网站，http://tongji.cnki.net/kns55/。

从表 25 中的数据和图 21 我们可以看到，各地区的人口自然增长率整体上保持相对稳定。在"丝绸之路经济带"沿线的九个省市区中人口自然增长率最高的是新疆维吾尔自治区，年均增长率超过 10%，而四川省的增长率相对较低，约为 3%。

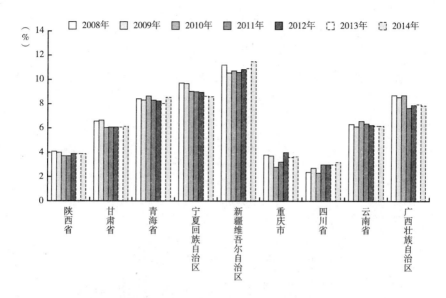

图 21　"丝绸之路经济带"国内沿线地区历年人口自然增长率

数据来源：中国经济与社会发展统计数据库网站，http：//tongji. cnki. net/
kns55/。

**表 26　"丝绸之路经济带"国内沿线地区历年高等学校
毕业人数占总人口比**

单位：‰

地　区	2008 年	2009 年	2010 年	2011 年	2012 年	2013 年	2014 年
陕西省	5. 84	5. 69	6. 31	6. 76	7. 07	6. 74	
甘肃省	2. 94	3. 29	3. 60	3. 86	3. 99	4. 23	
青海省	2. 53	2. 69	2. 66	3. 65	2. 04	3. 00	3. 04
宁夏回族自治区	2. 47	2. 73	3. 32	3. 21	3. 20		
新疆维吾尔自治区	2. 68	2. 78	3. 06	2. 89	2. 89	3. 30	
重庆市	3. 83	4. 35	4. 62	2. 82	4. 67	3. 26	3. 18
四川省	3. 04	3. 08	3. 46	3. 59	3. 55		
云南省	1. 60	1. 84	2. 03	2. 32	2. 55		
广西壮族自治区	2. 30	2. 51	3. 00	3. 25	3. 46	3. 12	

资料来源：中国经济与社会发展统计数据库网站，http：//tongji. cnki. net/
kns55/。

从表 26 中的数据和图 22 我们可以看到，"丝绸之路经济带"沿线地区高等学校毕业生占总人口的比例整体上呈现上升趋势。高等学校毕业生人数占总人口比例最高的是陕西省，2012 年该比例超过 7‰。

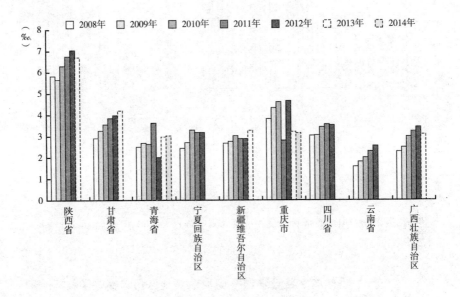

图 22　"丝绸之路经济带"国内沿线地区历年高校毕业人数占总人口比例

数据来源：中国经济与社会发展统计数据库网站，http：//tongji. cnki. net/kns55/。

（四）经济发展比较

1. 宏观经济情况比较

衡量一个地区经济状况的常用指标是国民生产总值（GDP），我们从 GDP 总量、人均 GDP 和 GDP 增速三个方面来比较"丝绸之路经济带"沿线地区的宏观经济情况，各地区历年 GDP 总量、人均 GDP 和 GDP 增速数据如表 27 所示。

由表 27 中的数据和图 23、24 我们可以看到，无论是 GDP 总量还是人均 GDP，各地区都呈现逐年上升的趋势。GDP 是衡量一个地区经济状况的最佳指标，"丝绸之路经济带"沿线地区 GDP 总量和人均 GDP 的逐年上升反映了这些地区的经济活力。同时我们也注意到，无论是在 GDP 总量还是人均 GDP 方面，各地区均存在较大差异，地区发展不平衡的现象较为明显。

图 2-15 反映了"丝绸之路经济带"沿线地区 GDP 增速的变化趋势。随着我国经济整体增速的放缓，各地区的 GDP 增速均呈现下降的趋势。2013 年之前，"丝绸之路经济带"沿线地区 GDP 增速均高于全国平均水平，而 2014 年，除重庆市外，其他地区均低于全国平均水平，这一点要引起我们的注意。

表 27 "丝绸之路经济带"国内沿线地区 GDP 总量与人均 GDP

地区	类别	2010 年	2011 年	2012 年	2013 年	2014 年
陕西省	GD 总量(亿元)	10123.48	12512.30	14453.68	16045.20	17689.90
	人均 GDP(元)	27133.00	33464.00	38564.00	42692.00	46929.00
	GDP 增速(%)	23.91	23.60	15.52	11.01	10.25
甘肃省	GD 总量(亿元)	4120.75	5020.37	5650.20	6268.00	6835.30
	人均 GDP(元)	16113.00	19595.00	21978.00	24296.00	26427.00
	GDP 增速(%)	21.64	21.83	12.55	10.93	9.05
青海省	GD 总量(亿元)	1350.43	1670.44	1893.54	2101.10	2301.10
	人均 GDP(元)	24115.00	29522.00	33181.00	36510.00	39633.00
	GDP 增速(%)	24.89	23.70	13.36	10.96	9.52
宁夏回族自治区	GD 总量(亿元)	1689.65	2102.21	2341.29	2565.10	2752.10
	人均 GDP(元)	26860.00	33043.00	36394.00	39420.00	41834.00
	GDP 增速(%)	24.85	24.42	11.37	9.56	7.29
新疆维吾尔自治区	GD 总量(亿元)	5437.47	6610.05	7505.31	8360.20	9264.10
	人均 GDP(元)	25034.00	30087.00	33796.00	37847.00	40607.00
	GDP 增速(%)	27.13	21.56	13.54	11.39	10.81

续表

地区	类别	2010 年	2011 年	2012 年	2013 年	2014 年
重庆市	GD 总量(亿元)	7925.58	10011.37	11409.60	12656.70	14265.40
	人均 GDP(元)	27596.00	34500.00	38914.00	42795.00	47850.00
	GDP 增速(%)	21.37	26.32	13.97	10.93	12.71
四川省	GD 总量(亿元)	17185.48	21026.68	23872.80	26260.80	28536.70
	人均 GDP(元)	21182.00	26133.00	29608.00	32454.00	35128.00
	GDP 增速(%)	21.44	22.35	13.54	10.00	8.67
云南省	GD 总量(亿元)	7224.18	8893.12	10309.47	11720.90	12814.60
	人均 GDP(元)	15752.00	19265.00	22195.00	25083.00	27264.00
	GDP 增速(%)	17.09	23.10	15.93	13.69	9.33
广西壮族自治区	GD 总量(亿元)	9569.85	11720.87	13035.10	14378.00	15673.00
	人均 GDP(元)	20219.00	25326.00	27952.00	30588.00	33090.00
	GDP 增速(%)	23.34	22.48	11.21	10.30	9.01

资料来源：中国经济与社会发展统计数据库网站，http：//tongji. cnki. net/kns55/。

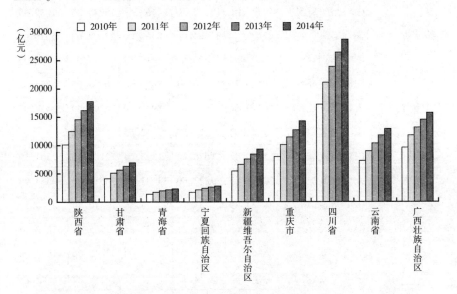

图 23 "丝绸之路经济带"国内沿线地区历年 GDP 总量

数据来源：中国经济与社会发展统计数据库网站，http：//tongji. cnki. net/kns55/。

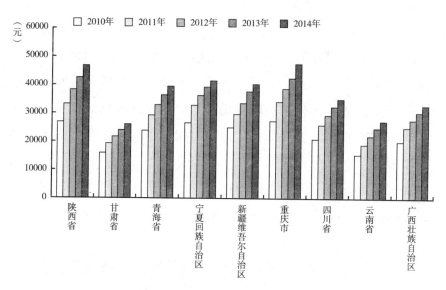

图 24 "丝绸之路经济带"国内沿线地区历年人均 GDP

数据来源：中国经济与社会发展统计数据库网站，http：//tongji. cnki. net/kns55/。

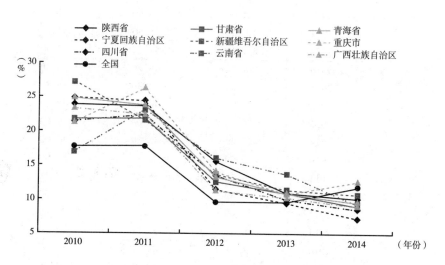

图 25 "丝绸之路经济带"国内沿线地区历年 GDP 增速

数据来源：中国经济与社会发展统计数据库网站，http：//tongji. cnki. net/kns55/。

2. 产业分布情况比较

从表28中的数据我们可以看到，"丝绸之路经济带"沿线各地区的产业分布情况较为类似，都是以第二产业（工业）为主，第三产业（服务业）占比次之，第一产业（农业）占比较小，并且各地区第一产业的占比整体上呈现走低的趋势。由此可见，各地区都已经开始实施产业转型升级战略。但同时我们也应该注意到各地区产业结构的差异，部分地区第一产业占比过高，如新疆维吾尔自治区、广西壮族自治区第一产业占比接近20%。要最大化"丝绸之路经济带"的效益，各地区必须根据地区实际来对产业结构进行调整。

表28 "丝绸之路经济带"国内沿线地区产业分布

单位：%

地　区	年份	第一产业占比	第二产业占比	第三产业占比
陕西省	2010	9.90	53.90	36.44
	2011	9.90	55.40	35.00
	2012	9.50	55.90	34.70
	2013	9.50	55.50	34.90
	2014	8.80	54.10	37.00
甘肃省	2010	14.54	48.20	37.30
	2011	13.60	47.36	39.12
	2012	13.80	46.00	40.20
	2013	14.00	45.00	41.00
	2014	13.20	42.80	44.00
青海省	2010	10.00	55.14	34.90
	2011	9.30	58.40	32.30
	2012	9.30	57.70	33.00
	2013	9.90	57.30	32.80
	2014	9.40	53.60	37.00
宁夏回族自治区	2010	9.43	49.00	41.60
	2011	8.90	50.20	41.00
	2012	8.50	49.50	42.00
	2013	8.70	49.30	42.00
	2014	7.90	48.70	43.40

续表

地　区	年份	第一产业占比	第二产业占比	第三产业占比
新疆维吾尔自治区	2010	19.90	47.70	32.50
	2011	17.20	48.80	34.00
	2012	17.60	46.40	36.00
	2013	17.60	45.00	37.40
	2014	16.60	42.60	40.80
重庆市	2010	8.70	55.20	36.40
	2011	8.44	55.40	36.20
	2012	8.20	52.40	39.40
	2013	8.00	50.50	41.40
	2014	7.40	45.80	46.80
四川省	2010	14.70	50.70	35.10
	2011	14.20	52.50	33.40
	2012	13.80	51.70	34.50
	2013	13.00	51.70	35.20
	2014	12.40	48.90	38.70
云南省	2010	15.34	44.70	40.04
	2011	16.10	45.60	41.60
	2012	16.00	42.90	41.10
	2013	16.20	42.00	41.80
	2014	15.50	41.20	43.30
广西壮族自治区	2010	17.60	47.50	35.40
	2011	17.50	49.00	34.10
	2012	16.70	47.90	35.40
	2013	16.30	47.70	36.00
	2014	15.40	46.70	37.90

资料来源：中国经济与社会发展统计数据库网站，http://tongji.cnki.net/kns55/。

3. 对外经济情况

外商直接投资（FDI）是指一国的投资者将资本用于他国的生产或经营，并掌握一定经营控制权的投资行为。我们通过各地区历年的 FDI 来比较其对外经济情况。

从表 29 中的数据以及图 26 可以看到，各地区的外商直接投资额还是存在较大差异。尤其是 2008 年以来，四川、重庆等省市 FDI 增加，扩大了地区之间的差异，如四川省 FDI 由 2008 年的 312169 万美元增加到 2012 年的 987000 万美元，增幅超过 200%。当然也有部分地区的 FDI 出现了下降，如甘肃省由 2010 年的 13521 万美元下降到 2014 年的 10000 万美元。

表 29 "丝绸之路经济带"国内沿线地区历年外商直接投资额

单位：万美元

地　区	2008 年	2009 年	2010 年	2011 年	2012 年	2013 年	2014 年
陕西省	137000.00	151100.00	182006.00	235500.00	293609.00	367800.00	
甘肃省	12842.00	13400.00	13521.00	7024.00	6110.00	7129.00	10000.00
青海省	22000.00	21500.00	21930.00	16900.00	20600.00	9372.30	5000.00
宁夏回族自治区	6238.00	7000.00	8100.00	20200.00	21820.00	14800.00	
新疆维吾尔自治区	19000.00	21600.00	23742.00	33500.00	40800.00	48100.00	41700.00
重庆市	272913.00	401643.00	637000.00	1052948.00	1053347.00	414400.00	423300.00
四川省	312169.00	361031.00	612299.00	952705.00	987000.00		
云南省	78000.00	91010.00	132902.00	174000.00	218900.00		
广西壮族自治区	97119.00	103533.00	91200.00	101400.00	74900.00	70000.00	

数据来源：中国经济与社会发展统计数据库网站，http://tongji.cnki.net/kns55/。

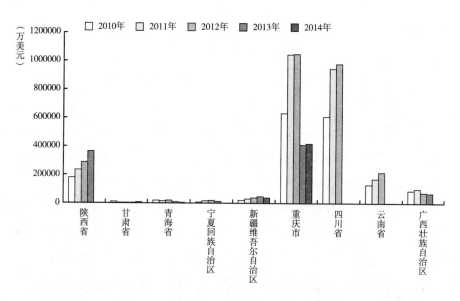

图 26 "丝绸之路经济带"国内沿线地区历年外商直接投资额

数据来源：中国经济与社会发展统计数据库网站，http://tongji.cnki.net/kns55/。

三 "丝绸之路经济带"建设与湖北省发展机遇

自"丝绸之路经济带"战略被提出以来，湖北省围绕这一战略思路，为融入"丝绸之路经济带"做了大量而充分的准备工作。2014年4月23日，"汉新欧"国际铁路货运班列常态化的首班列车从武汉东西湖吴家山出发，穿越亚洲腹地，直抵欧洲中心，成为连接湖北省与中亚国家的"主动脉"；2014年7月1日，沪汉蓉客专开通动车组，武汉到重庆时间缩短一半，不仅形成了长江经济带陆上快速通道，也延伸了湖北向西开放的无限可能。2014年7月11日，湖北省政府代表团访问哈萨克斯坦、土耳其、伊朗三国归来。10天访问期间，代表团一行与当地政工商等各界人士广泛深入交流，举行经贸投资推介会，签署一系列合作协议，积极响应和参与落实"丝绸之路经济带"建设的战略构想。由此可见，"丝绸之路经济带"的提出除了惠及经济带沿线地区以外，也为湖北省带来了巨大的发展机遇，而湖北省也正积极参与其中。

湖北省想要融入"丝绸之路经济带"，借力"丝绸之路经济带"发展自己，与经济带沿线地区和国家建立合作共赢的良好局面，必须抓住机遇，充分发挥自身优势，同时还要主动迎接挑战，及时灵活地调整策略，充分利用"丝绸之路经济带"建设的契机。

为了更加直观地反映湖北省融入"丝绸之路经济带"所具备的优势和劣势，同时揭示湖北省在借力"丝绸之路经济带"发展自己、实现互利共赢过程中所面临的机会和威胁，我们对湖北省融入"丝绸之路经济带"进行 SWOT 分析，SWOT 表如表 30 所示。

表 30　湖北省融入"丝绸之路经济带"的 SWOT 分析

优势（S）
1. 地理位置承西启东，具有交通运输之便
2. 教育大省，人才优势明显
3. 支柱产业有比较优势，产业互补合作潜力大
劣势（W）
1. 能源短缺，矿产资源优势不明显
2. 产业发展不均衡，产业升级需求强烈
3. 省内各地区发展失衡，资源配置有待优化
机会（O）
1. 两大经济带对接催生外贸机遇
2. 产业比较优势推动产业升级
3. 充足能源供应助力工业发展
威胁（T）
1. 与中亚各国政治文化差异导致的潜在成本
2. 省内各地区发展失衡影响经贸合作深度与广度
3. 各省市区之间可能存在的利益冲突

（一）湖北省融入"丝绸之路经济带"的优势分析

湖北省融入"丝绸之路经济带"所具备的优势主要体现在地理位置与交通运输、教育与人才以及产业优势三个方面。

1. 地理位置及交通运输优势

湖北省地处我国中部，长江穿流而过，是拥有长江干线最长的省份之一，同时，湖北省省会武汉市自古以来就有"九省通衢"的美称，如今更是成为我国最为重要的铁路枢纽之一，因此，在地理位置上湖北省承东启西、左右逢源，具有打通至中亚、欧洲的陆上通道，融入"丝绸之路经济带"的区位优势。武汉距离古丝绸之路起点西安为高铁4小时车程，通过郑州、重庆、成都，还可对接已开通的郑新欧、渝新欧、蓉欧快线等连通欧洲的铁路线，更有家门口的国际通道——汉新欧（汉口—新疆—欧洲）货运专列，货物运输相当便利。湖北省便利的交通条件为湖北省对外经济贸易提供了基础。

2. 教育大省的人才优势

据武汉市统计局最近统计数据，截至2014年5月28日，湖北省共有高等学校123所，其中，武汉在校大学生人数已达118万人，在全球各大城市中居于首位。自2011年起，湖北省推动了由教育大省向教育强省跨越，加大教育改革力度，创新体制机制，形成教育投入多元化、师资配置均衡化、办学形式多样化、办学方向市场化的格局。湖北省作为教育大省，每年培养上百万名优秀高校毕业生，不仅为湖北省经济技术革新、经济创新发展储备力量，也为周边省市的发展提供了人才支持。可以预见，在湖北省融入"丝绸之路经济带"的过程中，人才必将作为其中重要一环发挥重大作用。

3. 支柱产业的比较优势

中亚各国目前正处于基础工业快速发展时期，钢铁、水泥、矿产、纺织、汽车、通信、基础设施建设等行业有较大投资需求，而湖北省是我国中部地区最重要的工业基地和制造业大省，农副食品加工业、饮料和精制茶制造业、纺织、化学原料和化学制品制造业、建材、钢铁、有色、金属制造业、通用设备制造业、汽车、电气机械制造业、电子设备制造业、电力等重点行业实现销售产值超千亿元，其中重点培育发展了汽车、农副食品加工、化工、钢铁行业，与中亚地区国家相比具有较显著的比较优势。目前，中建三局、葛洲坝集团、省种子集团、安琪酵母、华新水泥等一批优秀鄂企、中央在鄂企业，都已在中亚地区扎根、落户。这些都表明了湖北省与"丝绸之路经济带"沿线地区产业互补带来的巨大经济合作潜力。

（二）湖北省融入"丝绸之路经济带"的劣势分析

湖北省借力"丝绸之路经济带"发展机遇实现自我发展、互利共赢的过程中也受到自身所存在的一些不足的限制，这些不足主要体现在能源、产业结构以及地区发展水平三个方面。

1. 湖北省缺煤少油乏气，制约经济发展

湖北省地处中部内陆，不仅是能源资源小省，而且是能源消费大省，缺煤、少油、乏气、多水是湖北能源的基本状况。然而随着经济社会快速发展，能源需求快速上升，近年来水电资源开发殆尽，能源对外依存度越来越高，能源问题已经成为制约湖北经济社会发展的重要因素之一。

2. 产业结构失衡，产业升级需求迫切

虽然湖北省的服务业发展迅速，但是服务业在三大产业的比例仍低于发展中国家服务业比重五成以上的标准。从湖北省第一

产业的结构来看，湖北农业目前呈现的仍然是种植业占比重较大，林业、渔牧业所占比重较小，农业产业结构仍然单一，且湖北省粮食作物的品种仍然较为单一。第二产业中国有企业在工业产业中所占的比重仍然偏高，湖北省产业技术设备落后，技术有机构成较低，造成资源投入产出不成比例，阻碍了工业化的快速发展。在湖北省第三产业结构中，层次相对较低的商贸餐饮业仍然占主体，而在金融服务、信息服务等现代服务业中，发展速度仍然远远落后于沿海发达地区，从而导致湖北省第三产业规模较小。产业发展不均与产业升级不足，制约着湖北省经济的发展。湖北省可以通过与中亚五国合作，转移已经发展过剩的产业，升级高科技设备，引进人才，注重发展核电、风电、太阳能和生物质能四大新能源产业。

3. 湖北省内各地区经济发展不均衡，资源配置有待优化

湖北省区域经济发展并不均衡，地区间经济差异较大。大致以武汉、襄阳和宜昌为顶点的三角形区域构成了湖北省县域经济的"高地"，紧邻"三角形"架构的外围和中心是湖北省经济次发达区，再外围的边缘地区是湖北省经济落后区，尤其是鄂西秦巴山区和武陵山区的县域。武汉市、襄阳市和宜昌市及其邻近县域经济发展水平较高，应该进一步整合资源，加快产业集聚步伐，形成经济的增长极。湖北省边缘地带和地处山区的县域，要加强基础设施建设，完善社会保障和生态补偿制度，提高居民生活水平。过渡地带则要充分利用好经济增长极点的带动作用，利用区内优势资源，促进区内经济持续发展。

（三）湖北省融入"丝绸之路经济带"的发展机遇分析

1. 两大经济带对接催生外贸机遇

国务院总理李克强在重庆视察时提出，长江经济带要实施东西双向开放战略。随着"丝绸之路经济带"战略的提出,"长江经济带"与"丝绸之路经济带"的对接自然是情理之中的事。"长江经济带"和其他区域最大的不同就在于它不仅能把我国东部、中部和西部天然地连接在一起,加快正在推进的产业梯度转移,还可以继续向西,与依托亚欧大陆桥的"丝绸之路经济带"和孟中印缅经济走廊相连接,向西走向大西洋,向南奔向印度洋,实现沿海、沿江、沿边的全方位开放格局。湖北省作为"长江经济带"的中心地区之一,又分别与"丝绸之路经济带"西北、西南两条线的起点地区陕西省、重庆市接壤,在保证经长江将商品运往东南沿海地区,再经太平洋通过海运把商品销往欧美的江海联运模式以外,还能够通过陆地打开欧洲贸易的大门。西北方向上经陕西、甘肃等地区至新疆,可进入亚欧大陆桥腹地,西南方则借道重庆、四川至云南,进入孟中印缅经济走廊。此外,还可联合湖南长沙对接广西,借助北部湾开发、中国东盟合作等机制,进入东南亚市场。由此可见,"丝绸之路经济带"的形成在为其沿线包括陕西、甘肃、新疆、重庆、四川、云南、陕西等地区带来巨大发展机遇的同时,也扩展了湖北省的贸易版图,为湖北省提供了新的发展机遇。

2. 产业比较优势推动产业升级

湖北省的建筑、纺织、汽车、食品、光电通信等行业年产值都超过千亿元,是其支柱产业,与中亚地区国家相比具有显著的比较优势,两者之间存在巨大的合作潜力。通过经贸合作,一方面,湖北省可以将建筑、汽车等支柱产业所生产的过剩的产能成功转移到中亚地区满足当地需求;另一方面,对于本省的新兴产业、特色产业,"丝绸之路经济带"沿线地区和国家的巨大消费需求和购买潜力无疑为这些产业的发展提供了一个可观的、可靠的市场。过剩产能转移,新兴产业、特色产业得到有力发展,将会有效推动湖北省的产业结构调整和产业升级，优化产业配置。

3. 充足能源供应助力工业发展

湖北省能源相对不足，缺煤少油乏气，严重制约了湖北省工业的发展，而中亚地区富含石油、天然气和煤矿资源，二者在能源方面存在巨大的合作潜力。一方面，湖北省通过与中亚地区国家的能源合作，可以为本省企业找到煤油气等能源稳定的供应商，推动湖北工业化进程；另一方面，湖北省高能耗企业可以在中亚地区国家兴建工厂，就近取材，利用当地的能源来进行生产，大大节约成本，增加国际竞争力，促进湖北省工业发展。

（四）湖北省融入"丝绸之路经济带"的发展挑战分析

1. 与中亚各国政治文化差异导致的潜在成本

中亚各国无论在政治还是文化方面都各具特色，与中国存在明显的差异。湖北省要很好地融入"丝绸之路经济带"，扩大与中亚各国的经贸合作，必须要充分了解各国的政治格局、文化特点，必须严格遵守当地法律、法规，这无疑会增加合作的成本，需要谨慎对待。

2. 省内各地区发展失衡影响经贸合作的深度与广度

近年来，虽然湖北省大力建设武汉"8＋1"城市圈，但是依然没有改变湖北省一直以来存在的武汉市"一家独大"的局面，没有从根本上有效解决省内区域经济发展失衡的问题。省内各地区发展的不平衡会导致湖北省在融入"丝绸之路经济带"的过程中出现"厚此薄彼"的现象，对外经贸合作的深度和广度必将受到影响，武汉市、襄阳市、宜昌市等相对发达的地区必将一马当先，可能会进一步加大省内各地区之间的经济发展差距。

3. 各省市区之间可能存在的利益冲突

随着"丝绸之路经济带"战略的提出，除经济带沿线地区以外，各临近省份也都积极准备，希望能够融入并借力"丝绸之路经济带"为本地区带来新的发展机遇。虽然"丝绸之路经济带"所产生的市场是巨大的，但是各省市区在参与其中的时候由于各方面条件的制约以及政策的偏向肯定会存在一定的利益冲突。如何化解冲突，实现互利共赢，最大化"丝绸之路经济带"的经济效益成为摆在每一个准备融入"丝绸之路经济带"的地区面前的一道难题，湖北省也将面临这一难题。

综上所述，湖北省的内在优势主要体现在：地理位置优越，交通便利，物流发达；教育资源充足，人才培育机制完善；支柱产业逐渐形成，带动湖北省经济发展。而湖北省的不足主要体现在：煤、石油、天然气资源短缺；产业结构不平衡，第三产业发展不充分；地区经济发展不均衡。湖北省欲利用"丝绸之路经济带"建设的契机，借力"丝绸之路经济带"发展自己，必须抓住机遇："长江经济带"与"丝绸之路经济带"的对接将为湖北省催生外贸机遇；湖北省也可利用产业比较优势推动产业升级；多方式利用"丝绸之路经济带"带来的能源供应，为湖北省工业发展提供动力。机遇与挑战并存，湖北省欲融入"丝绸之路经济带"建设，要准备迎接以下挑战：与中亚各国政治文化差异导致的潜在成本较高；湖北省内各地区发展失衡影响经贸合作深度与广度；各省市区之间可能存在的利益冲突制约湖北省的参与程度。

执笔人：李志生

专题二 国内沿线地区的战略举措与应对策略

一 国内沿线地区"丝绸之路经济带"建设的战略定位

"丝绸之路经济带"战略构想提出后，在新形势下对"丝绸之路经济带"沿线省区发展进行重新定位与布局，决定沿线省区市未来几年发展路径，对于沿线省区市以及国家发展都具有重大意义。基于各自比较优势，作为重点支撑的"丝绸之路经济带"沿线省区对于自身在"丝绸之路经济带"中的定位逐渐明确，如新疆要建设为"丝绸之路经济带"的桥头堡，甘肃打造"丝绸之路经济带"的黄金段，宁夏建成"丝绸之路经济带"的战略支点，陕西建设"丝绸之路经济带"新起点，重庆谋求丝绸之路与长江经济带枢纽地位，青海也宣称要打造成新丝绸之路的战略基地和重要支点。

(一)丝绸之路北线

1. 陕西——建设"丝绸之路经济带"新起点

陕西省委、省政府高度重视"丝绸之路经济带"建设工作，专题研究分析陕西经济带建设的战略定位和主要任务，省政府印发了《"丝绸之路经济带"新起点建设重点工作实施方案》，进一步明确了各市各部门职责任务。基于陕西省比较优势，提出了建设"丝绸之路经济带"新起点的战略定位。

其总体思路为：抓住国家向西开放的战略机遇，按照"政策沟通、道路连通、贸易畅通、货币流通、民心相通"要求，坚持立足当前、着眼长远，优势互补、特色发展，开放带动、合作共赢，政府引导、市场主体，以建设西安国际化大都市为核心，以构建欧亚立体大通道为基础，以建立交流平台和健全合作机制为保障，以文化旅游合作为先导，以商贸物流、先进制造、科技教育、现代农业等领域为重点，加强与中亚各国全方位合作，全面提升对外开放水平，加快建设"丝绸之路经济带"新起点。

其战略定位是：打造"丝绸之路经济带"新起点，建设内陆改革开放高地。这一定位着力推进"五个新起点"：交通物流新起点、科技创新新起点、产业合作新起点、文化旅游新起点、金融合作新起点。

2. 甘肃——推进"丝绸之路经济带"黄金段

甘肃省委、省政府高度重视，积极行动，按照点线面、近中远、经济贸易文化三个结合的原则，确定了"一手抓总体思路谋划，一手抓当前工作推进"的工作思路，加快推进"丝绸之路经济带"甘肃黄金段建设。

在总体思路谋划上，组织甘肃省内相关部门和专家与国务院发展研究中心联合开展课题调研，形成了《推进"丝绸之路经济带"甘肃段建设的总体思路和战略举措》《推动"丝绸之路经济带"合作的战略构想》两个研究报告，国务院领导对报告做出了重要批示。甘肃省委、省政府正式印发了《"丝绸之路经济带"甘肃段建设总体方案》，提出了推进"丝绸之路经济带"建设的总体思路，即充分发挥甘肃省的地理区位、历史文化、能源资源和产业基础等优势，紧紧围绕建设"丝绸之路经济带"甘肃黄金段，着力构建兰州新区、敦煌国际文化旅游名城和"中国丝绸之路博览会"三大战略平台，重点推进道路互联互通、经贸技术交流、产业对接合作、经济新增长极、人文交流合作、战略平台建设等六大工程，进一步提升兰（州）白（银）、酒（泉）嘉（峪关）、金（昌）武（威）、平（凉）庆（阳）、天水、定西、张掖、敦煌等重要节点城市的支撑能力，努力把甘肃建设成为丝绸之路的黄金通道向西开放的战略平台、经贸物流的区域中心、产业合作的示范基地、人文交流的桥梁纽带。

3. 宁夏——打造"丝绸之路经济带"战略支点

宁夏回族自治区政府召开常委会议和专题会议进行研究，提出了宁夏参与"一带一路"建设的总体要求：以实现习近平总书记提出的"政策沟通、道路联通、贸易畅通、货币流通、民心相通"为目标，以阿拉伯国家和穆斯林地区为重点，以构建开放型经济新体制为支撑，促进中阿全方位交流合作，构建中阿合作桥头堡，打造"丝绸之路经济带"战略支点。

按照这一定位，宁夏回族自治区研究提出了"123"重点任务。"1"是构筑中阿博览会战略平台；"2"是打造中阿空中丝绸之路和中阿网上丝绸之路两条纽带；"3"是建设中阿人文交流合作示范区、中阿贸易投资便利化示范区和中阿金融合作示范区三个关键载体。

（二）丝绸之路南线

1. 云南——建设连接交汇"一带一路"的战略支点

云南作为"一带一路"建设中连接交汇的战略支点，要依托区位优势，切实找准在国家"一带一路"建设中的战略定位，提出参与"一带一路"建设的四个方面重要定位。一是加快推进桥头堡建设,发挥"一带一路"建设重要门户作用。加强政策沟通、道路联通、贸易畅通、货币流通、民心相通,加快与周边国家互联互通步伐。二是打造大湄公河次区域合作升级版,发挥好"一带一路"建设区域合作高地作用。加快完善区域合作机制,力争在更高层面、更大范围内发挥合作潜力,取得更大的合作效益。三是推进孟中印缅经济合作,发挥好"一带一路"建设睦邻外交战略通道作用。推进孟中印缅经济走廊建设,开拓新的战略通道和战略空间。四是着力提升沿边开放步伐,发挥"一带一路"建设先行先试区作用。以孟中印缅经济走廊(BCIM)、大湄公河次区域合作(GMS)为重要抓手,以重铸南方丝绸之路、推进互联互通为重点内容,以多边双边合作项目为基本载体,推动投资贸易、产业发展、能源合作和人文交流,把云南建设成为通往印度洋的战略通道,连接交汇"一带一路"的战略支点,"和谐周边"示范区,"丝绸之路经济带"的重要增长极。

2. 贵州——连接"一带一路"的重要节点地区

作为欠发达的贵州,已被纳入"长江经济带",是构建"丝绸之路经济带"的重要区域,是连接"丝绸之路经济带"和21世纪海上丝绸之路("一带一路")的重要节点地区。贵州将积极参与"丝绸之路经济带"建设,把贵州打造成为绿色丝绸之路的重要区域。

在国发〔2〕号文件中,对贵州经济社会发展的战略定位如下:全国重要的能源基地、资源深加工基地、特色轻工业基地、以航空航天为重点的装备制造基地和西南重要陆路交通枢纽。大力实施优势资源转化战略,构建特色鲜明、结构合理、功能配套、竞争力强的现代产业体系,建设对内对外大通道,打造西部地区重要的经济增长极。

3. 四川——长江上游衔接"一带一路"的国际战略枢纽

四川是支撑"丝绸之路经济带"、长江经济带和中巴经济走廊、中印缅孟经济走廊联动发展的战略纽带和核心腹地。四川对外开放的战略定位为：长江上游衔接"一带一路"的国际战略枢纽。具体而言，依托四川在西部和全国的市场、区位、特征和产业四大比较优势，可确立为"两个中心""两地"的开放定位，即依托四川市场在西部的规模和辐射优势，明确为拓展西部的市场中心；依托四川衔接"两带一路"的区位优势，建设沟通西向南向开放的枢纽中心；依托四川产业在西部的比较优势，打造西部沿边开放的产业腹地；依托四川省情在全国和内陆的普适性优势，争创内陆开放改革的试验阵地。

二 国内沿线地区"丝绸之路经济带"建设的主要进展

在建设"丝绸之路经济带"的新规划指引下，沿线各省区市结合自身特点及资源禀赋，根据在"丝绸之路经济带"中的定位，针对向西开放做出了一些工作。

（一）丝绸之路北线

1. 陕西——五位一体打造"新起点"

（1）新起点建设的思路基本厘清

陕西省委提出了建设"丝绸之路经济带"新起点的战略定位，这一定位具体包括交通物流新起点、科技创新新起点、产业合作新起点、文化旅游新起点、金融合作新起点等五个方面。目前，陕西省正在根据《"丝绸之路经济带"和海上丝绸之路建设战略规划》，修改完善实施方案，全力推进"丝绸之路经济带"新起点建设各项工作。

（2）新起点建设的平台日益完善

如第十八届东西部合作与投资贸易洽谈会暨丝绸之路国际博览会成功举办，吸引了丝路沿线国家和企业广泛参与，丝路沿线16个国家以国家名义设立了国家馆。还有比较重要的平台包括：中国西安丝绸之路国际旅游博览会。同时，正在积极申报"丝绸之路经济带"西安自由贸易园区。浐灞欧亚经济论坛综合园区也在加紧筹建之中。

（3）新起点建设的支撑基本形成

确立以项目为载体建设"丝绸之路经济带"新起点的基本思路，两批共上报46个重点项目，希望纳入国家规划。进一步梳理筛选了基础设施、能源资源合作、产业合作、人文合作4类100多个建设项目清单。

（4）与中亚的产业合作抢得先机

产业合作是"丝绸之路经济带"建设的关键。与中亚各国相比，陕西在装备制造、电子信息、食品加工、文化资源开发和旅游等方面具有比较优势，与中亚以农牧业、资源型产业为主的经济带沿线国家具有很强的互补性和广阔的合作空间。陕西省属企业开展了一些产业合作，如陕煤集团、延长石油、陕汽集团、西电集团等抢得了先机。

2. 甘肃——依托互联互通构筑"黄金段"

为了加快"丝绸之路经济带"甘肃黄金段建设，甘肃省将着力推进以下重点工程：

（1）着力推进道路互联互通工程，构建综合交通体系

甘肃将以完善综合交通、能源通道建设为重点，加快基础设施网络化、现代化建设。在综合交通枢纽建设方面，加快建设兰州铁路集装箱中心站、兰州枢纽编组站，谋划建设新亚欧大陆桥国家列车编组站，增强货物运输、换装和通关能力。积极谋划和

开辟兰州、敦煌直飞阿拉木图等中亚西亚国家的航班及货运航线。在提升"丝绸之路经济带"甘肃段通达能力方面，尽快建成兰新铁路第二双线、兰州至宝鸡客运专线，开工建设兰州至张掖铁路三四线，改造提升连霍高速公路，加快构建连通周边省区的交通网络，使甘肃真正成为向西开放的快速通道。在加快能源战略通道建设方面，尽快开工建设酒泉至湖南特高压直流输电工程，着力推进西气东输管线和成品油、原油、煤制气及中亚油气管道建设，加快玉门、兰州、庆阳等石油储备库建设，争取国家在甘肃建立能源战略储备基地。

（2）着力推进经贸技术交流工程，全面深化互利合作

考虑在扩大对外经贸合作上，以特色农产品、有色冶金新材料、中医药、石化装备制造、集成电路封装等领域为重点，建设面向中西亚的出口基地。鼓励各类出口企业在甘肃设立国际贸易分支机构和生产基地。组织企业赴中亚西亚国家举办产品和技术推介会，开辟中亚西亚市场。在加强对外投资与技术合作上，实施"走出去"战略，鼓励省内企业开展面向中亚、西亚及中东欧市场的境外投资。发挥甘肃石油化工、有色冶金、机械电子和高端装备制造、新能源、新材料、旱作农业技术等方面的优势，联合共建研究中心、技术转移中心、农业科技园区、技术推广示范基地。在推进口岸建设上，尽快建成武威保税物流中心，加快兰州新区综合保税区建设，谋划建设兰州国际港务区，争取敦煌航空口岸和嘉峪关机场口岸开放、马鬃山口岸复关。在加快物流基地建设上，依托沿线重要节点城市和特色产业，建设面向中亚西亚、连接西北西南地区的现代物流基地。

（3）着力推进产业对接合作工程，促进互利共赢发展

充分发挥甘肃产业优势和潜力，积极推进农产品加工、装备制造、新能源、轻工建材、民族用品等产业的对接合作。农业合

作方面，开展高效节水农业、马铃薯育种、日光温室等设施农业生产技术合作，与"丝绸之路经济带"沿线国家共建特色农畜产品生产、加工、销售基地。装备制造业合作方面，以新能源装备、石化通用设备、数控机床、集成电路封装、机械电工电器等为重点，努力建成装备制造业向西开放基地。新能源合作方面，继续办好中国（甘肃）新能源国际博览会，积极开展与中亚西亚国家在风能、太阳能等方面的合作开发。食品、建材业合作方面，面向中亚西亚市场需求建设清真食品、民族工艺品、日用消费品和建材生产基地，扩大对外出口。

（4）着力推进经济新增长极工程，促进区域开放开发

充分发挥甘肃沿线支点节点城市多、产业集聚功能明显的优势和潜力，加快兰（州）白（银）核心经济区扩大开放，打造以石化、有色、冶金为核心的中部产业群，以黄河文化为重点的文化产业旅游区，以兰州为枢纽辐射带动周边的物流集散基地，形成向东承接产业转移、向西扩大开放合作的新格局。建设河西走廊开放型经济交融带，打造以新能源及新能源装备制造、新材料为核心的河西走廊产业群、以敦煌文化和丝路文化为重点的文化旅游区，积极推动酒泉、嘉峪关与哈密、吐鲁番共建向西开放的经济合作区。推进陇东南区域经济创新发展，发挥陇东南地区能源资源富集、历史文化积淀深厚的优势，打造以石油化工、煤电化为核心的陇东产业群，以始祖文化为重点的历史文化旅游区，为甘肃向西开放提供有力支撑。

3. 宁夏——开放型经济网络助力"战略支点"

宁夏对参与"丝绸之路经济带"建设定位的初步考虑是：以扩大面向阿拉伯国家和穆斯林地区的开放为目标，以提高服务国家向西开放的能力为核心，以构建开放型经济新体制，释放制度红利为支撑，以中阿博览会、中阿空中丝绸之路、中阿网上丝绸之路、中

阿贸易投资便利化示范区、中阿金融合作示范区、中阿人文交流示范区为主要任务，打造贸易供应链、金融供应链和基础设施供应链，推动实现与"丝绸之路经济带"沿线国家货物、服务、资金、人员、信息等双向自由便利流动，显著降低交易成本和制度成本，提升上下游、产供销、内外贸互联互通的效率，为全面深化改革和扩大开放探索新途径、积累新经验。将着力推进以下重点任务。

（1）建设中阿博览会平台

宁夏已经成功举办了三届中阿经贸论坛和一届中阿博览会，客观上已成为中国与阿拉伯国家及世界穆斯林地区政治对话、经贸合作、文化交流的综合性平台，在国际上产生了广泛而深刻的影响，得到了包括阿拉伯国家及世界穆斯林地区在内的丝路经济带主要国家的广泛认同。

（2）建设中阿空中丝绸之路

在中西部内陆地区的对外开放运输途径中，公路、铁路、海运都不具备优势，航空是能够形成低成本物流通道比较优势的最佳选择。银川是雅布赖航线上唯一的省会城市，具有优越的空中通道资源。西部地区的西向航空出口货物，经过银川前往中东、欧洲和非洲，比绕道北京、上海、广州节省20%的运输成本；黄河中游地区的货物，经由银川出发可节约15%的运输成本。西部地区的商务旅客，从银川直飞迪拜，比绕道北京可节约9个小时。另外，宁夏经过对迪拜和郑州发展航空物流产业进行研究后发现，设立基地航空公司，实施天空开放政策，创新自由贸易政策，推动航空全产业链发展，实行旅客免签和购物免税等先进经验，可以为宁夏提供借鉴。为此，宁夏确定的中阿空中丝绸之路的定位是：以构建银川至迪拜的空中通道为重点，采取客运和货运并举的方针，以免税购物优惠政策及穆斯林特色旅游为突破点，建成中西部地区至迪拜的商旅客运门户；以吸引西北及黄河中游地区的西向进出口商品，发展中阿/中欧跨境电子商务物流为突破口，建成西向航空物流枢纽；实现人流、物流、信息流的高效便捷流动。围绕以上目标，宁夏正在加快完善航运基础设施，积极开辟阿拉伯国家与银川间的客货运航线，探索成立或引进航空公司、航空物流企业落户宁夏，大力发展临空产业集群。

（3）建设中阿贸易投资便利化示范区

宁夏是国家批准建设的国内唯一的内陆开放型经济试验区，国家支持宁夏发挥中阿博览会平台作用，鼓励先行先试，实行灵活的开放政策，构建西部地区更加开放的经贸合作区域。习近平主席在中阿合作论坛第六届部长级会议上也明确指出，基础设施和贸易投资便利化是中阿合作格局中的重要两翼，中海自贸区建设是中阿合作的6个早期收获项目之一。这为宁夏依托银川综合保税区，建设中阿贸易投资便利化示范区提供了重要的机遇。经过对新加坡实行国际贸易单一窗口管理模式进行研究，综合宁夏情况比较发现，实行这个模式后，政府各部门对单证的审批由原来的2~7天时间缩短为不到1分钟，且费用降低了80%左右。经过对马来西亚打造伊斯兰金融中心的做法进行研究，宁夏通过对外交流发现，马来西亚抓住石油美元以主权财富基金方式在世界各地投资的趋势，利用其对外投资"金融先行，贸易跟进，继而投资落地"的特点，通过创新金融工具，建设成为了世界的伊斯兰金融中心。借鉴新加坡和马来西亚的成功经验，宁夏的初步考虑是：对照迪拜和新加坡的国际经贸规则和高标准开放制度，从市场准入、海关监管、检验检疫等方面，探索建立由事前监管向事中、事后监管转变的管理新体制和新模式，释放制度红利，显著降低制度成本和交易成本，扩大中阿经贸合作。围绕以上目标，宁夏将密切跟进中海自贸区谈判进程，依托银川综合保税区探索促进中阿贸易投资便利化的政策措施，主动服务中国－海合会国家自贸区建设。

（4）建设中阿金融合作示范区

建设中阿金融合作示范区，就是要开展政策制度先行先试，打通阿拉伯国家资金流入中国的渠道，吸引阿拉伯国家资金和金融机构在宁夏聚集，开展中阿金融机构的广泛合作和金融产品的不断创新，为中阿贸易和投资提供金融服务平台。一是争取国家支持将宁夏打造成为中阿贸易结算中心。二是引进阿拉伯金融机构，建立中阿产业投资基金。三是引进阿拉伯国家金融机构在宁夏设立分支机构，并参股宁夏地方银行。四是鼓励有条件的宁夏金融机构在阿拉伯国家设立分支机构。五是在宁夏地方银行设立中国－阿盟跨境货币业务中心，争取国家同意在宁夏注册的银行开展离岸金融业务，允许在银川综合保税区注册的企业设立人民币离岸账户。

（二）丝绸之路南线

1. 云南——立足桥头堡建设，筑牢战略支点

本着发挥优势、突出重点、互利共赢、共同发展的原则，优先在骨干通道建设、能源资源开发、产业经贸、人文交流、社会公共事业等领域加强合作。

（1）骨干通道建设合作

规划建设孟中印缅经济走廊通道，连接印度洋沿岸及南亚国家；深化大湄公河次区域互联互通领域合作，连接太平洋沿岸及东南亚国家；建设完善云南连接川、陕、甘、青等省（区）的骨干交通网络。依托上述三条骨干通道沿线主要城市、口岸和港口，加快高速公路、铁路、航空和水运建设，形成多线、多方式出入的格局。

（2）能源资源合作

加快"两江"流域水电开发和送出网络建设，建设完善中缅原油和天然气管道，满足"一带一路"国内区域产业发展的需要；拓展区域电力输送通道，建设跨区域电力交换枢纽；开展民生领域能源合作。

（3）产业及经贸合作

统筹利用境内外市场、资源，积极承接中东部地区产业转移，推进境内外产业链对接整合，合理消纳国内过剩产能。加强与沿线区域国家在传统农业、工业、现代物流业等领域的合作，合作共建农产品生产加工基地、农业示范区、外向型特色产业园区、物流园区。促进相互投资和贸易快速发展。

（4）人文交流及社会公共事业合作

以教育、文化、医疗、环保、体育、新闻出版等领域为重点，广泛调动地方政府、高等院校、研究机构、民间组织等力量，从机制建立、平台建设、项目推进等层面，开展多种形式的交流与合作，为参与"一带一路"建设夯实民意基础、拓展发展空间。

2. 贵州——依托大通道优势，建设重要节点地区

国发〔2〕号文件指出，贵州要充分利用中国－东盟自由贸易区、大湄公河次区域、泛珠三角地区等平台，积极参与东南亚、南亚等国际区域合作，全面提高对外开放水平。把贵安新区建设成为内陆开放型经济示范区，形成以航空航天为代表的特色装备制造业基地、重要的资源深加工基地、区域性商贸物流中心和科技创新中心。

3. 四川——借力区域联动，打造国际战略枢纽

"长江经济带"与"丝绸之路经济带"平行并进的战略格局已然显现，四川将以国际大通道为依托，以重点开发开放试验区为先导，以重大战略项目为抓手，在推进长江经济带与"丝绸之路经济带"建设中发挥更加重要的作用。

（1）以国际大通道为依托，夯实基础条件

以构建综合运输国际大通道为目标，以建设国际区域性航空枢纽、铁路枢纽和公路枢纽为重点，全面实现公铁航联运互通，形成以成都为中心、辐射中西部、连接国内外的综合交通运输体系。畅通西向，深化与西北五省区的合作；突出南向，打开中印缅孟经济走廊运输通道和西南出海大通道；联动北向，形成连接欧亚大陆桥的北向运输大通道。

（2）以开发开放试验区为先导，建设内陆开放高地

高水平建设天府新区，建成内陆开放战略高地。推进攀西试验区创新开发，打造国内资源富集地科学开发利用资源的示范区。进一步发挥绵阳科技城军工科技优势，构建军民融合创新驱动示范区。充分发挥国家统筹城乡综合配套改革先行试验区的作用，在更广泛的领域进行创新尝试。突出成都作为西部中心城市的特殊优势，积极探索设立自由贸易区，推进海关特殊监管区建设。

（3）以重大战略项目为抓手，推动产业优化升级

充分发挥区域比较优势，进一步增强自主创新能力、延伸产业链、优化产业结构和空间布局，实现经济转型升级。以水电、天然气、钒钛稀土等资源科学开发综合利用为重点，打造全国最大的清洁能源生产基地和国家重要的战略资源开发基地；以德阳、成都、自贡装备制造业为依托，打造一批国家级现代加工制造业基地；以软件、信息、生物、民用航空、新能源等高技术产业为先导，打造一批科技创新产业化基地。

（4）以创新区域合作机制为保障，促进区域联动发展

加强与长江经济带、"丝绸之路经济带"各省区市的沟通联系，共同推动国家构建区域发展协调机制，建设区域综合开发管理与合作新机制，建立统一开放、竞争有序的市场体系，形成互连互通、优势互补、整体联动、利益共享的发展格局。

三 国内沿线地区"丝绸之路经济带"
建设的主要政策举措

（一）陕西——立足产业优势，打造"新起点"

陕西省委、省政府统筹协调、有序推进"丝绸之路经济带""新起点"建设工作，认真研究分析中亚各国经济特点、产业优势，统筹考虑企业"走出去"的扶持政策，发布投资指南，搭建贸易平台，引导企业在中亚地区投资办厂。在推动企业"走出去"方面，提出以下几点工作安排。

①组织企业参加由新疆组织的中亚商贸展会活动，推介陕西省特色产品和优势产业，借助新疆与中西亚已有的合作基础，扩大陕西省与中亚、西亚国家的贸易投资合作规模。

②围绕航空航天、智能制造、电子信息、汽车、节能环保、食品加工、纺织服装等领域，推进与中亚国家合作建设研发生产基地。

③举办丝绸之路商贸专场推介对接会，组织有关企业赴中亚等地宣传推介和交流对接。

④鼓励延长、陕煤、有色、建工等企业"走出去"，主动开拓中亚市场。

⑤积极寻求与国家开发银行合作，编制配套的系统性融资规划，支持陕西企业"走出去"，加大对陕煤、延长、西电、陕汽等企业赴中亚投资的授信额度。同时，举办陕西企业"抱团出海"推介会，推进银企对接。

⑥依托陕煤、延长、陕汽等龙头企业和杨凌农业高新技术产业示范区，在中亚地区建设一批现代产业示范园，在能源化工、有色金属、装备制造、节能环保、现代农业等领域合作打造一批

示范工程，实现技术、资本、资源的有效对接。

此外，还提出加强与国家部委沟通衔接、推动与"丝绸之路经济带"国家在教育文化旅游等领域的合作、建立完善合作机制与平台、建立对外开放大通道、争取设立西安"丝绸之路经济带"自由贸易区等重点工作安排。

（二）甘肃——重点构筑互联互通战略平台

甘肃着力推进人文交流合作工程，提升开放共建水平。以建设华夏文明传承创新区为战略平台，抓好文化软实力培育，推进文化旅游基地建设。在推动文化产业合作发展上，通过创建敦煌国际文化旅游名城，鼓励和支持文化企业与中亚西亚、中东欧国家，积极开展以丝绸之路文化为主题的文化遗产保护合作交流。在扩大文化旅游合作上，通过市场化方式，支持甘肃省内文化企业和团体在中亚西亚国家举办甘肃文化旅游节活动，共同打造丝绸之路精品旅游线路。在推进教育合作上，依托兰州大学、西北师范大学、西北民族大学等高校，争取在兰州建设中亚西亚国家研究中心、阿拉伯语教育基地等文化教育平台，加强与"丝绸之路经济带"沿线国家的院校和科研单位合作，深入开展国际研讨和学术交流。通过多种方式吸引中亚西亚国家学生来甘肃就读，扩大留学生规模。在医疗卫生合作上，与丝绸之路沿线国家联合开展中医药研究应用，共同推动中医药合作发展。

推进战略平台建设工程，畅通交流合作渠道。在打造战略合作平台方面，依托兰州新区，构建向西开放的产业发展战略平台；依托敦煌国际文化旅游名城建设，构建文化交流合作战略平台；依托"兰洽会"，构建经贸合作战略平台。在加强民间交流合作方面，巩固和发展甘肃与"丝绸之路经济带"沿线国家有关省州的友好关系；加强商会、协会和贸促会等组织与沿线国家民间组织的沟通联系，扩大经贸往来。在建立多层次合作机制方面，主要是利用上海合作组织、亚洲合作对话、中阿合作论坛等对外交流机制，加强与中亚西亚、中东欧等国家多层面的交流合作，建立健全甘肃与周边省区的合作机制。

（三）宁夏——围绕中阿关系推进各项合作

1. 在构筑中阿博览会战略平台方面

①以办好 2015 年第二届中阿博览会为重要节点，发挥博览会平台聚集效应，推动中阿在能源、航空、金融、旅游、农业和清真食品等领域的合作取得突破性进展。

②进一步完善中阿共办、部区联办、民间协办的办会机制，协调阿盟秘书处和海合会秘书处作为大会主办单位。

③争取将中阿合作论坛框架内的机制性活动放在宁夏举办，在中阿博览会框架下建立中阿工商领袖峰会。

④鼓励更多企业利用中阿博览会开展产业、金融和投资合作，促进中阿博览会经贸投资合作成果转化落地。

2. 在建设中阿空中丝绸之路方面

①将银川河东机场定位为我国面向阿拉伯国家的门户机场，给予更多政策倾斜，加快建设河东机场三期工程，启动四期建设准备工作。

②积极与阿联酋航空公司联系，合资组建航空公司，引进外资组建合资航空公司，引进大型物流企业落户宁夏。

③大力发展临空经济，培育产业集群。

3. 在打造中阿网上丝绸之路方面

①吸引亚马逊、阿里巴巴等知名计算机运营企业投资建设数据中心、通信网络等互联网基础设施。

②吸引"丝绸之路经济带"沿线国家特别是阿拉伯国家使用

云服务。

③引入国内外著名电子商务平台公司，大力发展电子商务。

④加强与大型服务外包企业合作，发展面向阿拉伯国家的服务外包业务。

4. 在建设中阿金融合作示范区方面

①争取国家支持将宁夏打造成为中阿贸易结算中心。

②引进阿拉伯金融机构，建立中阿产业投资基金。

③引进阿拉伯国家金融机构在宁夏设立分支机构，并参股宁夏地方银行。

④鼓励有条件的宁夏金融机构在阿拉伯国家设立分支机构。

⑤在宁夏地方银行设立中国－阿盟跨境货币业务中心，争取国家同意在宁夏注册的银行开展离岸金融业务，允许在银川综合保税区注册的企业设立人民币离岸账户。

5. 在支持中阿之间企业投资与技术合作方面

加强与阿拉伯国家投资主管部门、产业协会、企业的交流合作，重点支持中阿之间的企业在能源、贸易、金融、科技等领域的相互合作，邀请阿拉伯国家研究机构派员加入在宁夏设立的国家级阿拉伯研究中心，支持宁夏地方银行在阿拉伯国家设立代表处，引进阿拉伯国家项目资金。

（四）云南——依托大平台，积极融入"一带一路"建设

1. 积极争取国家支持建设更多的开放合作平台

着眼搭建大平台，完善提升服务功能。积极争取南亚各国共同参与主办中国－南亚博览会，争取国家把中国－南亚经贸高官会提升为中国－南亚部长级磋商会，探索举办南亚商品采购大会、南亚国家投资促进会和中国－南亚智库论坛。请求国家在实施"一带一路"战略中，充分发挥云南省的重要作用，把桥头

堡建设纳入"一带一路"规划并统筹推进，把孟中印缅经济走廊建设列为推进"一带一路"建设的旗舰工程，打造GMS合作升级版，加快推进中国连接东南亚、南亚国际大通道建设，赋予云南沿边开放更大的试验权。推动云南－泰北、云南－越北、云南－老北、云南－印度西孟加拉邦等双边合作机制的制度化建设。

2. 请求国家加强对出境综合交通建设的规划和实施

落实国家对西部地区实行差别化的经济政策，着眼开辟大通道，统筹基础设施建设。加强交通、流通、信通、能通基础设施建设，构筑从陆上通往印度洋的战略大通道。从国家层面，与周边国家共同成立"一带一路"建设前期联络工作小组，充分利用桥头堡部际联席会议、中国－东盟互联互通工作委员会等机制协调和推动云南省周边通道建设，加快推进出境综合交通的规划与建设的相关工作，推进"一带一路"的互联互通基础设施建设。建议国家把出境综合交通设施建设作为与周边国家友好合作的重点内容，有效利用亚洲基础设施银行的相关资金，并以援助的形式帮助老挝、缅甸及孟加拉国修建综合交通基础设施，采取补偿贸易等多种模式筹集建设资金，鼓励国内大中型企业出境参与综合交通投资。在加大援助力度的同时，积极帮助协调国际金融组织和国外政府的资金支持，并争取中国进出口银行给予必要信贷投入。

3. 进一步加快口岸通道物流体系建设，提升贸易便利化水平

建议国家尽快同GMS各国签署《GMS便利运输协定》的实施细则，尽早确定"一站式"通关模式。建议国家与老、泰两国沟通和磋商，签订昆曼公路运输协议，统一中老泰三国跨境国际运输的收费等相关标准。建议国家与越南、老挝、泰国和缅甸进一步协调，在检验检疫标准、海关制度、国际运输法律等方面形成一系列制度性安排。争取中央加大对云南口岸建设的资金投入力度，专项用于口岸基础设施及配套设施建设。加大对云南边境贸易的支持，恢复云南边贸"双减半"政策或国家提高对云南的边境地区转移支付资金。加快口岸沿线物流园区建设，进一步完善云南物流通关体系。

4. 争取国家在我省产业开放方面给予更多支持

着眼发展大产业，推动结构战略调整。争取国家支持推进滇中新区发展，加快建设连接昆河、昆曼、昆仰以及昆明到南亚的4条跨国经济带。建设一批国家级的承接东中部地区产业转移的基地和面向东南亚、南亚的出口加工基地，吸引一批能充分利用两种资源、两个市场的"两头"在外企业到云南落户发展。在云南布局一批石化、物流、生物、现代服务业、新能源等新兴战略性产业，加快构建内引外联的特色优势产业体系。将援助东南亚、南亚国家的项目，优先交给云南省有资质的企业承担或在云南省内进行招标。积极争取腾冲等5个边合区升级申请早日获批，争取国家支持在河口－老街、姐告－木姐、磨憨－磨丁建立跨境经济合作区。

5. 加快完善招商引资政策

着眼吸引大投资，打造营商优越环境。把简政放权作为突破口，用政府权力的减法换取市场和社会活力的加法，优化发展软环境，继续鼓励内外资投向高端制造业、高新技术产业、现代服务业及新能源和节能环保产业。实施好《云南省人民政府关于进一步加强外来投资促进工作的若干意见》，切实把大项目招商引资工作列入重点工作推进。充分发挥国家级经济技术开发区、边境经济合作区和瑞丽国家级重点开发开放试验区的带动作用，提升引资规模和水平。积极承接中东部地区产业转移，出台新的关于承接产业转移的优惠政策和配套措施，依托大企业发展产业集群，建设好重点特色工业园区，设立承接产业转移专项发展资金，按照"能免则免、能减则减、就低不就高"的原则，实行相应的税费减免政策，开辟信贷"绿色通道"，推进境内外产业链对接整合发展。

6. 加强"走出去"促进体系建设

坚持"重质量，创品牌，讲信誉，树形象"的原则，按照"突出周边、发展非洲、进军南美、探索中东"的思路，完善"走出去"促进政策，建设中国面向东南亚、南亚开放合作产业新高地。用足用好国家对外经济技术合作专项资金和我省"走出去"专项资金以及财税金融政策，研究拓宽人民币跨境流动的渠道和方式。加快中国特别是云南企业"走出去"步伐，在东南亚、南亚国家投资建设"中国投资和制造业园区"，重点推进密支那、皎漂、万象境外经贸合作区建设。加快制定替代种植合作规划，推进云南与缅老的农业合作机制建设。完善银贸合作机制，重点支持企业开展境外重大投资项目和先进技术领域的并购项目，完善对外投资税收政策。研究出台"一带一路"建设的后续配套政策，及时跟踪政策实施情况。推动有关国家改善投资环境，维护境外企业和人员的合法权益。

7. 加强政策创新，推动商务事业快速发展

用足用好用活桥头堡建设和新一轮西部大开发等方面的一系列扶持政策。不断丰富和完善内贸政策体系，积极争取我省内贸流通、电子商务、会展产业、现代物流等领域政策措施的出台，加快构建城乡统筹、区域统一、内外贸一体化的大市场。根据国际市场变化和企业发展需求，结合"一带一路"建设的实际，与有关部门一起密切协同配合，适时调整和明确政策的鼓励方向和重点。与省统计局合作，切实建立信息渠道来源稳健、统计结果及时有效的《云南省服务贸易综合统计制度》。

（五）四川——打造综合运输服务体系，构建丝绸之路战略腹地

推进"丝绸之路经济带"、21世纪海上丝绸之路建设已经成为国家战略。这一战略的提出和实施，对于推动西部大开发、大开放，促进内陆和沿海共同发展、平衡发展必将产生深远而广泛的影响。

1. 积极争取国家把四川作为"丝绸之路经济带"建设的有机组成部分，全域纳入国家总体规划

采取行之有效的措施，积极争取国家从扩大和深化内陆省份开放、促进西部大开发、推进区域协调发展的战略高度，充分考虑四川独特的区位优势，以及在战略资源、产业支撑、文化融入、市场需求等方面的突出优势，把四川作为"丝绸之路经济带"建设的有机组成部分，全域纳入国家战略规划，力争在重大基础设施建设、重大产业布局、战略资源开发创新、对外开发开放等方面给予政策倾斜。联合重庆、云南、广西等西南省份，深入研究与南亚、东南亚的合作，进一步挖掘南方"丝绸之路经济带"的价值和发展潜力，为国家决策提供重要参考。充分发挥人大、政协的作用，在全国"两会"期间，以驻川全国人大代表的集体议案、驻川全国政协委员联名提案等形式，引起国家相关部门重视。同时，还可以考虑邀请九三学社等民主党派中央，以直通车形式向中共中央和国务院提出建议。

2. 积极探索内陆省份自贸区建设，进一步扩大对外开放

自由贸易区建设是四川全面深化改革开放，推动建设"丝绸之路经济带"建设的重要载体。若能以建设"丝绸之路经济带"为契机，设立自贸区，在西部地区先行先试，与上海形成东西响应的格局，将为四川实现跨越式发展迎来前所未有的机遇。一是

高度关注和积极探索内陆省份自贸区建设。二是四川省以成都为中心的区域已初步具有设立自贸区的条件，并具有多年运营综合保税区的成功经验。

四川是全国资源大省、人口大省、文化大省和西部经济大省，地处"丝绸之路经济带"、长江经济带和中巴经济走廊、中印缅孟经济走廊的腹心地带，发挥着承南接北、通东达西的重要作用，是扩大内陆开放、沿江开放、沿边开放和实施向西开放，打造西部大开放升级版的战略纽带，在"丝绸之路经济带"建设中具有重要的战略地位。目前国家正加紧研究"丝绸之路经济带"建设问题，这对四川来说是重要机遇，四川省应该主动作为，一方面积极争取国家把四川作为"丝绸之路经济带"的重要组成部分纳入总体规划；另一方面，应认真审视自身发展存在的不足，充分发挥比较优势，着力提高融入"丝绸之路经济带"的核心竞争力。

鉴于此，一是依托成都科技实力雄厚、人才资源丰富和金融机构数量多种类全等优势，发挥作为西部中心城市在东盟地区合作、欧洲经贸合作、欧亚大陆航空枢纽建设中的作用，积极争取设立与上海自贸区错位发展的科技型内陆自由贸易区，加快先进制造业和现代服务业在西部集聚。二是着力推进海关特殊监管区建设。争取国家支持成都综合保税区建设物流分拨中心、检测维修中心、商品展示销售中心和研发中心；支持德阳建设综合保税区，泸州、宜宾建设与成都、重庆保税区联动的保税港区；设立成都空港保税物流中心（B型）、成都铁路保税物流中心（B型）、泸州和宜宾港保税物流中心（B型），在宜宾、泸州设立国家开放口岸和国家进口粮食指定口岸，在成都设立汽车整车进口口岸等。

3. 加快交通等基础设施建设，构建丝绸之路战略资源综合运输体系

开展国际能源、资源互利合作是建设"丝绸之路经济带"的重点战略之一，建议以建设国际区域性航空、铁路、公路、水运、管道运输等基础设施为重点，打造以四川为中心、辐射中西部、连接国内外的多式联运的战略资源综合运输体系。一是畅通西向。加强与新疆的联系合作，共建连接俄罗斯等国家和地区的能源战略通道；加快推进川藏、隆黄、成都至格尔木、成都至西宁铁路，雅安至康定、汶川至马尔康、绵阳至九寨沟高速公路等项目建设，形成通往中亚和巴基斯坦经济走廊运输通道。二是突出南向。继续深化与云南及东盟各国的经贸物流合作，以产业链的整合为轴心，积极推进南向跨境交通基础设施建设；积极对接中缅油气管道入境原油和天然气利用，加快推进楚雄—攀枝花—西昌天然气管道、楚雄—攀枝花成品油管道项目建设，促进成品油、天然气入川；支持泸昆铁水联运班列实际开行，提升港口对腹地经济的辐射能力。三是全力推进成都国家级国际航空枢纽建设，巩固成都至南亚、东南亚航线优势，重点辐射中亚、西亚、南亚、东南亚、俄罗斯及东欧国家及地区，构建高效便捷的亚欧航空物流通道。

4. 充分发挥比较优势，加快构建现代产业体系

产业结构优化升级和转型是我省建设"丝绸之路经济带"的支撑。应充分发挥比较优势，把加快发展特色优势产业和战略性新兴产业作为优化产业结构的主攻方向，注重与"丝绸之路经济带"周边国家的产业互补，努力提升产业竞争力。一是以水电、天然气、钒钛、稀土等资源科学开发利用为重点，技术先进全国最大的清洁能源生产基地和国家重要的战略资源开发基地；以软件、信息、生物、民用航空、新能源等高技术产业为先导，技术先进一批科技创新产业化基地；发挥我省产品资源优势，建设国家重要的农产品精深加工基础；以德阳、成都、自贡装备制造业为依托，打造一批世界级、国家级的现代加工制造业基地。利用

新疆在北"丝绸之路经济带"的口岸优势,采取"飞地经济"模式,积极与新疆开展广泛合作,共建特色产业园。二是改革传统贸易形式,以成峨乐、成雅攀、成雅甘三条文化旅游走廊为主线,大力发展以旅游业为主的现代服务业,打造南方丝绸之路文化旅游品牌;以旅游休闲度假体验综合产业为核心,振兴和重建以生态农业、茶业、中药产业、桑蚕丝绸业为主的生态在产业、现代大农业的发展新格局,并以此为基础,拉动多元产业投资,联动亚欧经济技术合作,形成四川新的产业增长极;努力发展现代物流、金融保险、商贸流通、信息咨询、服务外包等生产性服务业。

5. 稳步推进川企"走出去"战略,提升四川在"丝绸之路经济带"中的辐射带动能力

应在进一步加大旨进外商投资的同时,着力推进川企"走出去"战略,提升我省在"丝绸之路经济带"中的辐射带动能力。一是加强对"走出去"战略的统筹规划,对符合"走出去"条件的川企进行仔细梳理,研究制定战略规划,着力培育川企的核心竞争力,树立川企品牌,避免企业停留在价值链低端扎堆内耗,有重点、有步骤地鼓励川企"走出去"。二是完善"走出去"的保障机制,发挥行业协会、中介机构专业性强、联系面广、信息灵通的优势,构建共享信息平台;建立健全境外经营风险评估体系、风险防范机制和境外风险应急体系;尽快厘清政策性、商业性金融机构在"走出去"战略中的定位和分工,创新金融服务。

四 改革开放以来湖北对外开放态势与特征

(一) 总体形势

改革开放后,湖北的外贸工作取得了长足的进步,创造了多个全国第一。1980 年 8 月湖北省出口商品展销会在美国俄亥俄州哥伦布市举行，这是我国在美国举办的第一次展览。我国加入世贸组织后湖北外贸进入加速发展新阶段。货物贸易方面，改革开放之初，湖北进出口总额只有 1.7 亿多美元，其中出口 1.6 亿美元；1990 年出口接近 10 亿美元；从 1991 年开始出口突破 10 亿美元，达到 11.3 亿美元；2002 年出口超过 20 亿美元；2008 年超过 100 亿美元，首次跃居中部六省第一位。进出口总量 2008 年超过 200 亿美元，比 2006 年将近翻一番；2013 年超过 350 亿美元，达 363.78 亿美元，居中部第一位。湖北的服务贸易发展得比较迟，有较大逆差，但有一个亮点，武汉是国家服务外包示范城市，走在前列。

表 1　1978～2014 年湖北进出口基本情况

年份	进出口总额（亿美元）	进口总额（亿美元）	出口总额（亿美元）	GDP（亿美元）	贸易依存度（%）	出口对 GDP 的拉动(%)
1978	1.73	0.14	1.59	89.67	1.93	
1985	6.89	1.6	5.30	134.92	5.11	2.51
1990	11.90	1.18	10.72	172.36	6.90	4.33
1995	34.09	14.25	19.84	252.59	13.50	-2.29
2000	32.10	12.79	19.31	428.24	7.50	0.37
2001	35.78	17.80	17.98	468.83	7.63	-1.48
2002	39.55	18.56	20.99	508.98	7.77	0.48
2003	51.10	24.55	26.56	574.78	8.89	-0.08
2004	67.72	33.88	33.84	680.59	9.95	-0.36
2005	90.92	46.42	44.50	806.34	11.28	-0.28
2006	117.38	54.80	62.59	959.38	12.24	1.20
2007	148.58	66.84	81.74	1234.58	12.04	0.74
2008	205.67	89.75	115.92	1606.94	12.80	0.91
2009	172.29	72.50	99.78	1897.67	9.08	0.07
2010	259.07	114.65	114.42	2341.29	11.07	-1.45

续表

年份	进出口总额 （亿美元）	进口总额 （亿美元）	出口总额 （亿美元）	GDP （亿美元）	贸易依存度 （％）	出口对 GDP 的拉动（％）
2011	335.19	139.84	195.35	3115.79	10.76	2.38
2012	319.63	125.65	193.96	3635.65	8.79	0.41
2013	363.78	135.42	228.35	4037.4	9.01	0.68
2014	430.64	164.18	266.46	4457.12	9.66	0.23

资料来源：历年《湖北统计年鉴》，GDP 数据根据相应年份的汇率计算得到。

从省内各地市数据看，2013 年全省除神农架外，16 个地市实现出口增长。其中，武汉市外贸进出口 217.5 亿美元，增长6.9%，占全省外贸进出口总值的 59.8%。荆州、随州首次年出口超 10 亿美元，全省年出口超 10 亿美元的市州增加到 6 个。

从企业来讲，截至 2013 年底，湖北省进行了对外贸易经营者备案登记的企业近 1 万家，但有出口实绩的企业仅 2847 家。鸿富锦、长航外经、武钢国贸、冠捷科技、中石化长燃、武汉国裕、宜昌海利、武汉凯迪、大冶特钢、名幸电子等排在前 10 位的企业占湖北省外贸总额近一半。出口超过 1000 万美元的湖北外贸企业288 家，仅占出口企业的 10%。

湖北出口以机电产品为主，超过全省出口总额的 50%。出口前几位的产品为机械设备、电器及电子产品、船舶、服装及衣着附件、钢材、纺织纱线及制品、医药品等。进口前几位的产品为铁矿砂及其精矿、电器及电子产品、集成电路及其零件、机械设备、汽车零件、仪器仪表、铜矿砂及其精矿等。

（二）主要特征

随着国家中部崛起战略的实施，湖北省对外贸易发展也更为迅速。但是与全国对外贸易平均水平和对外贸易发达省份相比较，湖北省对外贸易发展水平还很落后。湖北省对外贸易发展状况的特征主要有以下几个方面。

1. 进出口总额快速增长，但占全国比重较小

从表 1 可以看出，1978 年以来，湖北省进出口总额逐年快速增加，从 1978 年的 1.73 亿美元增加到 2013 年的 363 亿美元，年均增长 25%。其中多年出口额总体多于进口，但两者比重趋于接近，进口年均增长率为 22.5%，出口年均增长率为 24%。2002 年以前，湖北省对外贸易发展缓慢，2002 年开始，湖北的外贸进出口总额迅猛增长，而且出口增长率高于进口增长率，2014 年湖北省进出口总额占全国的 1.00%，占比极低（参见表 2）。

表 2　湖北省对外贸易发展状况

单位：%

年份	出口额增速	进口额增速	进出口总额增速	进出口总额在全国所占比重
2003	26.53	32.29	29.23	0.6
2004	27.42	38.00	32.5	0.59
2005	31.5	37.03	34.27	0.64
2006	40.65	18.01	29.12	0.67
2007	30.6	19.85	26.57	0.68
2008	41.8	34.3	38.4	0.8
2009	-14.8	-19.4	-16.8	0.78
2010	44.7	57.7	50.2	0.87
2011	35.3	21.5	29.1	0.92
2012	-0.6	-10.6	-4.8	0.83
2013	17.7	7.9	13.8	0.87
2014	16.7	21.2	18.3	1.00

资料来源：历年《湖北统计年鉴》。

2. 对外贸易依存度逐渐增高，和全国差距大

贸易依存度的变化也反映了湖北省对外贸易的发展轨迹，1978

年以来，除个别年份受金融危机的影响，贸易依存度有所下降以
外，湖北省对外贸易依存度基本呈增加趋势，其中最高的 1995 年
达到 13.5%。但也要看到，虽然近十多年湖北对外贸易发展很快，
但和全国发达地区的差距还比较大，2013 年湖北省对外贸易依存
度为 9.01%，而全国平均为 50.1%，差距巨大。

即使在中西部地区，对外贸易和实际利用外资排名不在第一
方阵。外贸方面，湖北仅为重庆的 53.0%、四川的 56.3%、河南
的 60.8%。实际利用外资方面，湖北仅为河南的 51.1%、重庆的
65.1%、四川的 66.3%。境外投资方面，湖北仅为四川的 64.1%、
河南的 78.4%，不及重庆。旅游外汇收入方面，湖北仅为云南的
50.4%、陕西的 72.6%、广西的 78.7%，不及重庆。在保税（港）
区方面湖北不占优势。但在境外承包工程、国家级开发区等方面，
湖北处于中西部第一方阵。

表 3　中西部部分省区市开放条件对比

省份	外贸	实际利用外资	境外投资	境外承包工程	旅游外汇收入	国家级开发区	国家级新平台	保税（港）区	重大展会及签约额（亿元）
四川	646	104	15.3	63	7.6	12		1	西博会(5632)
重庆	687	106	10.1	10	12.7	4	两江新区	2	渝洽会(2069)
陕西	201	37	2.9	18	16.8	11	西咸新区	1	西洽会(4262)
甘肃	103	0.7		3	0.2	7	兰州新区	申报中	兰洽会(6129)
宁夏	32	2			0.1	4	内陆开放型经济试验区	1	中阿博览会(2599)
青海	14	0.9	0.3	1	1.2	3		0	青洽会(1780)
新疆	276	4.8			5.9	11		2	亚欧博览会(2132)
云南	258	25	8	18	24.2	7		1	昆交会(7082)
广西	328	7	7.8	8	15.5	7		2	东盟博览会(1000+)

续表

省份	外贸	实际利用外资	境外投资	境外承包工程	旅游外汇收入	国家级开发区	国家级新平台	保税（港）区	重大展会及签约额（亿元）
贵州	83	15			2	3	贵安新区	1	
湖北	364	69	9.8	52	12.2	12		1	中部博览会（轮流举办）
河南	599	135	12.5	40	7	14		1	中部博览会

注：未注明的金额单位为美元；重大展会括号内为最近一届签约金额；国家级开发区数量仅包含经开区、高新区数据。

资料来源：各省区统计年鉴。

3. 外贸对经济的拉动与全球经济变化基本一致

外贸对经济增长的拉动率能够反映经济状况的好坏，外贸对GDP增长的拉动率是指在GDP增长率中，净出口增加所拉动的百分点，净出口增加，意味着有效需求增加，会拉动国内生产，增加就业，促进经济增长。从表1可以看出，湖北省出口对GDP的贡献率有一定的变化规律，基本上呈现和全球经济一致的变化态势，全球经济状况良好时，湖北出口对GDP的拉动率就呈现增加趋势；全球经济下滑时，出口对GDP的拉动率甚至出现负值，2000年、2001年和2009年就出现过这种情况。

4. 外资企业和民营企业发展速度快，国有企业比重逐渐降低

国有企业在全省对外贸易中所占比重下降较快，外商投资企业和民营企业所占份额则快速增长，集体企业所占比例微乎其微。2013年，国有企业、外商投资企业和民营企业分别占湖北对外贸易进出口总额的28.6%、38.6%和32.8%（参见表4），湖北省对外贸易进出口总额的三成以上是由民营企业完成的；2013年，湖北省国有企业、外商投资企业和民营企业进口额占全省总进口额的比重分别为33.4%、49.6%和17%，其出口额占全省总出口额的比重分别

为 23.1%、32.1% 和 52.3%，私营企业已经成为湖北对外贸易的主力军。

　　民营企业发展十分迅速，但发展速度远远滞后于其他对外贸易发达省份。从增长速度来看，2000～2013 年国有企业、外商投资企业和民营企业净出口总额的平均增速分别为 21.7%、31.3% 和 38%，民营企业发展十分迅速，近十年来，民营企业对外贸易额几乎增长了 20 倍。从 2000 年到 2014 年，民营企业对外贸易进出口额所占比重逐年提高，但相对于沿海开放省市的民营企业发展水平，还很落后。近年来大量统计数据资料显示，民营企业对东部沿海地区经济增长的推动和促进作用高于其他经济成分，同时，东部地区 GDP 增长速度又高于其他地区。可见，民营企业可以对地区经济增长产生巨大的推动和促进作用，但就湖北省而言，民营企业在近几年虽有所发展进步，但发展速度远远滞后于其他对外贸易发达省份。

表 4　湖北省不同类型企业的进出口结构

单位：%

企业类型＼年份	2003	2004	2005	2006	2007	2008	2009	2010	2011	2012	2013	2014
国有企业	50.09	49.08	47.97	42.45	43.02	44.4	38.2	38.05	37.35	32.57	28.6	24.8
外商投资企业	39.51	34.62	35.3	39.71	37.4	35.5	40.8	42.65	41.97	43.18	38.6	33.8
民营企业	10.4	16.3	16.73	17.84	19.58	20.1	21	19.3	20.68	24.25	32.8	41.4

　　资料来源：历年《湖北统计年鉴》。

5. 对外贸易发展不平衡，远低于全国平均水平

　　湖北省对外贸易发展不平衡，2013 年湖北省对外贸易依存度为 9.01%，与此同时，全国平均对外贸易依存度为 50.1%，远低于全国平均水平，同外贸发达省份相比差距则更大，如广东省

2013 年的对外贸易依存度为 108.7%。由此可见，湖北省市场开放程度低，对外贸易依存度低，对外贸易发展速度落后于国家整体水平，经济发展模式还处于基本内向型经济格局。

从区域分布上来看，除武汉市外，省内其他地、市、州地区对外贸易发展速度缓慢。一直以来，武汉市对外贸易进出口额占全省一半以上，2013 年武汉市对外贸易进出口总额占比更高达59.8%，可见湖北省省内各地区对外贸易发展不平衡现象十分突出。

6. 对外贸易方式以一般贸易为主，加工贸易滞后

一般贸易和加工贸易都是我国参与国际分工的主要形式，而湖北省外贸方式主要以一般贸易为主，加工贸易发展滞后。表 5 表示不同的贸易方式在湖北省对外贸易中所占的比。

表5　湖北省不同对外贸易方式完成情况

单位：%

年份	出口			进口		
	一般贸易	加工贸易	其他贸易	一般贸易	加工贸易	其他贸易
2003	74.57	25.13	0.3	77.49	13.32	9.19
2004	77.14	22.42	0.44	78.54	13.31	58.15
2005	78.73	21.19	0.08	73.41	15.03	11.56
2006	71.12	28.22	0.66	72.84	15.91	11.26
2007	70.79	28.17	1.04	75.29	15.04	9.17
2008	70.3	25.8	3.9	74.9	14.7	10.4
2009	60.6	33.4	6	71.9	20.6	7.5
2010	57.5	38.16	4.34	73.32	20.84	5.84
2011	56.6	37.3	6.1	73.6	20.6	5.8
2012	59.4	34.1	6.5	75.5	18.2	6.3
2013	66.5	27.7	5.8	73.9	22.1	4
2014	69.3	28.5	2.2	70.95	27.1	1.95

资料来源：历年《湖北统计年鉴》。

7. 进出口市场多元化程度低，主要集中在欧美和日本

湖北省对外地理方向显示了湖北省与外贸国家和地区的贸易联系程度。2014 年，湖北省与欧盟、东盟、美国、中国香港、日本、澳大利亚等 6 个贸易伙伴的双边贸易值分别超过了 20 亿美元，合计进出口 265.9 亿美元。其中，与中国香港、日本、东盟的双边贸易增长较快，增幅分别达 69.5%、15.5% 和 12.2%（参见表6）。

（三）原因分析

造成我省对外开放滞后的影响因素很多，比如经济发展水平低、企业竞争力弱、对外开放起步晚等，但究其深层次原因主要有如下几个方面。

表6　2014 年湖北省与主要贸易伙伴进出口统计表

年　　份	进出口合计		出口		进口	
	美元值(亿)	同比(%)	美元值(亿)	同比(%)	美元值(亿)	同比(%)
欧　　盟	71.0	-88.9	43.4	9.6	27.6	13.8
东　　盟	59.8	12.2	42.1	2.7	17.8	43.7
美　　国	41.4	10.3	31.7	10.3	9.7	10.2
香　　港	43.0	69.5	33.8	55.2	9.2	155.6
日　　本	29.2	15.5	10.4	19.1	18.8	13.7
澳大利亚	21.5	0.76	4.2	8.6	17.2	1.02

资料来源：历年《湖北统计年鉴》。

1. 从文化层面来看，缺乏市场经济所需的伦理精神和商业意识

文化氛围对于经济的影响往往是持久和深刻的，或许是由于小农经济和计划经济的历史沉积过厚、过重，湖北省长期以来缺乏能导致市场经济活跃和发展的文化氛围。应该说，计划经济留给湖北省的遗产比较丰厚，然而在改革开放年代，湖北

缺乏应有的激情、冲动和勇气。具体表现为：习惯于照搬上面的指示，或重复一些"放之四海而皆准"的口号；遇事中庸，不愿冒尖，不敢争"第一"，思维的优先原则是防错，而不是出新，凡事求平稳。这种精神状态在形式上表现为对旧体制、旧秩序的依恋和对新制度、新秩序的惶恐乃至抵制；缺乏发展现代商品经济所需要的那种商业精神和商业意识，如竞争的意识、公平意识、危机的意识、冒险的意识，取得了一点成绩，就不思进取和发展，故虽有好开场，但免不了被后来者打败。这种文化氛围，体现在对外开放意识上，就是政府、企业、老百姓的自我创新求发展的动力不足，结果市场经济观念上的差距导致改革成果的差距。

2. 从区域层面来看，位于交易成本高的地理位置

在封闭的经济体系中，湖北省的"地处中原""九省通衢"确有值得骄傲的资本，因为国内市场是唯一的市场，地处中部的湖北省居于国内市场的中心地位，具有得天独厚的区位优势，其运输成本和交易总成本往往比其他地区要低，于是常常成为交通的枢纽、商品的集散地，经济发达、市场繁荣的地区。但在开放的经济体系中，国际市场成为企业经济活动的重要舞台。此时，周边地区可以有效地利用国内国际两个市场和国内两种资源发展地区经济。由于受到国际市场的吸引和扩散作用，国内经济能量也会向周边地区发散。因此，在一个开放的经济体系当中，与国际市场距离越近的地区经济发展越快，与国际市场距离最近的周边地区（沿海沿边地区）经济发展最快。而中部地区的经济发展则因为距离国际市场相对较远、运输成本高于周边地区，经济发展会相对较缓。在对外开放中，湖北省各市场参与主体间因地域的原因有着较高的交易成本，往往缺乏充分的市场信息和足够的市场参与者，导致外向型经济的相对滞后。

3. 从企业层面来看，对国有企业扶持不足与投入不足导致其产业结构升级缓慢

我省国有企业在国民经济中的比重较大，也是对外开放的主力军，但相对西部大开发和东北老工业基地的国有企业而言，我省国有企业改制享受的政策扶持力度要弱得多。以东北老工业基地为例，中央政府采取了一系列支持的政策和措施。首先是加快老工业基地国有企业改制的财政、税务、社会保障等各项政策陆续出台。社会保障、增值税转型、企业分离办社会职能等项目都已取得重大进展，东北地区与四大国有商业银行协商处置东北地区国有企业高额不良债务的政策和措施也在稳步推进。相比较而言，我省国有及国有控股工业企业历史包袱沉重，就业形势严峻，社保缺口较大。如武汉市 2013 年企业养老保险基金征缴 250 亿元，支出 254 亿元，缺口 4 亿元。因此，湖北省国有企业改制面临着比东部地区和西部地区相比不利的宏观政策环境，这既是导致国有企业改制相对滞后的一个重要原因，也是湖北省对外开放乏力的现实原因。

4. 从政府层面来看，"利益沾滞"的破除与软环境建设还有待进一步提高

政府提高效能的基本障碍来自各种利益集团及由此形成的"利益沾滞"。所谓"利益集团"产生于双轨制。在双轨制下，政府配置资源（行政驱动）事实上左右着市场配置资源（市场驱动）。诸如：有企业大量技改资金的发放和干部任免；政府的直接投资及其招标，企业创业及营运过程中诸多的行政审批等。在这种情况下，重大要素的供应及市场准入权力的"发放"仍然掌握在政府手中，这样的市场实际上只是"半个市场"。而政府配置资源事实上是由各种各样的行政机构及大小官员来执行的，他们在部门利益甚至个人利益最大化的驱动下，一方面强化手中的垄断

资源，另一方面将这些资源在市场上待价而沽。于是，改革中的
"利益沽滞"便由此产生了。当权力可以通过市场给当事人带来最
大化收益时，他们事实上会认为现有制度是最好的制度而无须继
续改革，但当改革要触犯部门利益时，抵触便会发生。地方政府
的"利益沽滞"在推进外向型经济发展时也可能采取消极改革态
度，中央没有规定可以做的，地方政府就不让做，缺乏"非禁则
入"的改革动力与魄力，导致改革锁定在双轨制阶段寸步难行。
在政府对投资环境建设方面，湖北省正逐步从过去依赖优惠政策
转变为依靠营造良好的投资环境上来。各级政府都把改善资环境
尤其是软环境作为政府工作的一件大事来推动，树立了"环境就
是生产力，也是竞争力""人人都是投资环境"等新理念。但软环
境建设并非一朝一夕就能完成的，仍有不少地方对扩大开发重视
不够，这大大制约了湖北省对外开放的快速发展。

五 新形势下湖北对外开放战略布局的新思考

建设"一带一路"是关乎我国经济社会、内政外交、改革开
放全局的重大战略。中央层面谋划推动，超过 2/3 省份竞相跟进，
这充分表明"一带一路"建设对沿线国家和地区的重要意义。"一
带一路"成为我国未来向西开放、向内陆发展的重要战略。对湖
北而言，湖北的对外开放格局进入新的历史时期，必须认清新的
形势和优势，厘清与国家战略的关系，明确湖北对外开放在全国
整体格局中的定位和策略，推动更大范围、更宽领域、更高层次
的开放，实现湖北经济结构调整和产业转型升级、跨越式发展。
通过比较分析，我们认为湖北既是内陆衔接"两带一路"的天然
"交汇点"，又是向东开放、向西合作对接的"起跳点"，有条件有
实力成为国家推进内陆开放的前沿阵地。

（一） 湖北开放面临的新形势

区域协同是习近平总书记提出的重要治国方略，国内协同与国际协同双管齐下。国内协同看京津冀，国际协同看"一带一路"（"丝绸之路经济带"和 21 世纪海上丝绸之路）。国内国际局势日益复杂，各国与各地区之间既竞争又合作，区域合作与国家战略正发生较大变化，这就是所谓的新常态。一些新的趋势性转变对湖北新一轮对外开放有着重要的指引意义。

1. 经贸联系以海路为主将向海陆并进转变

从经济联系上看，有商必开路，亚欧互为重要的市场，随着产业在内陆的纵深布局、全球分工的新调整，无论两端发达的西欧和东亚沿海，还是长期被边缘化的中亚内陆，都有不同程度寻求快捷通道的需求。

从政治关系上看，无论是大国博弈还是战略安全考量，打通亚欧、泛亚陆上通道，掌握陆权，对我国应对美国"重返亚太"战略以及突破岛链封锁都很重要。

从技术支撑上看，交通尤其是铁路技术的进步大大降低陆路成本，为提升陆权提供了技术支撑，若中欧货运班列时速能达到 100 公里左右，对海运的替代能力将会迅速提升。

2. 国家开放战略重心从东部向中西部沿边转移

一方面，西部开放更受重视和关注。十八大后，国家和中央明确提出扩大内陆沿边开放，建设"两带一路"（"一带一路"和"长江经济带"），开启了"由东向西、由沿海向内地、沿大江大河和陆路交通干线、推进梯度发展"的新战略，开放布局正向内陆纵深推进。

另一方面，沿线地区开放竞争也更加激烈。广西、云南、新疆等地在《国务院关于加快延边地区开发开放若干意见》中，分别被确定为东盟合作高地、向西南开放重要桥头堡、向西开放门户。新疆、甘肃、陕西、宁夏、青海各自定位为"丝绸之路经济带"的"桥头堡""黄金段""新起点""战略支点""战略基地和重要支点"，重庆定位为"丝绸之路经济带"的起点和"两带"建设的枢纽节点，四川定位为"两带一路"建设的国际战略枢纽。

3. 比较优势由廉价的要素向改革和市场红利转变

一方面，传统的比较优势逐渐消退。改革开放30年的快速发展主要得益于廉价充裕的生产要素与经济全球化和产业转移浪潮的充分契合，如今则是成本上升、改革红利耗尽、资源环境压力加大、国际市场萎缩。与此同时，我国面临东南亚、印度、东欧等地数十亿成本低、素质高的劳动力的激烈竞争。

另一方面，新的优势和利好因素正在形成。快速增长的巨大国内市场开始成为我们参与全球化的新王牌和比较优势，现在几乎所有的产品领域，中国都是全球增份额最快的市场。新一轮的改革开放能够进一步降低制度费用、提升要素质量、拓宽开放领域，为新一轮开放激发更多内生动力，形成新的竞争优势。

（二）国家战略带来的新机遇

"两带一路"的重点开放方向是向西、向南的开放，与湖北"九省通衢"的区位优势、"承东启西、连南接北"的地理位置、"长江经济带"的主干段的开放势能高度吻合。当丝绸之路遇上"长江经济带"，两大国家战略催生湖北发展新机遇，湖北开放融入"丝绸之路经济带"的国家战略有着巨大的发展前景。

1. 向西开放潜力巨大

向西开放主要是指经中亚、西亚、俄罗斯、中东欧到欧洲，沿途涉及40多个国家、约7亿人口，可辐射整个欧洲，市场前景广阔。

一方面，"丝路"沿线国家和地区本身就有巨大合作开发潜力。这些地区能源资源富集，合作互补性强，扩大经贸合作空间大。2013年，我国与上述沿途地区贸易额为4230亿美元。我国累计在中东欧和西亚北非地区投资约150亿美元。

另一方面，独特的战略区位可以联通与辐射欧洲经济圈。加强与该区域各国的经贸合作，使得湖北与中亚、欧洲的联系更加畅通，从而更有利于泛欧亚与湖北的经贸与投资合作。

2. 向南开放基础较好

向南开放的重点是东南亚、南亚，近20个国家，面积900多万平方公里，人口约23亿人。国家明确表示要加强与东盟、南亚的开放合作，南向成为我国对外开放重点拓展的方向。南向国家和地区与湖北有诸多相似和互补之处，对湖北"走出去""引进来"均有重要意义。

3. 沿江开放势在必行

长江经济带已上升至国家战略。长江经济带横向延伸，对接"丝绸之路经济带"与"21世纪海上丝绸之路"。向西，打通至中亚、欧洲的陆上通道，融入"丝绸之路经济带"，向东，发挥长江黄金水道作用，发展江海联运，衔接海上丝绸之路。

表7　"一带一路"沿线主要国别情况

国家/地区	面积(万平方公里)	人口(亿)	GDP(亿美元)	人均GDP(美元)
中亚五国	400	0.7	2950	4324
俄罗斯	1708	1.4	20220	14247
中东欧(16国)	134	1.2	13994	11250
西亚(19国)	718	3.3		
海湾阿拉伯国家	267	0.4	15464	47150
以色列	2.6	0.08	2409	31296
伊朗	165	0.7	5489	7211
土耳其	78	0.7	7945	10609

续表

国家/地区	面积(万平方公里)	人口(亿)	GDP(亿美元)	人均GDP(美元)
东盟(10国)	448	6.1	23055	11980
印度尼西亚	190	2.4	8782	3592
马来西亚	33	0.3	3035	10304
新加坡	0.07	0.05	2765	51162
东盟新4国	143	1.7	2150	1185
南亚(8国)	481	16.5	22825	2170
印度	298	12	18248	1492
巴基斯坦	80	1.9	2318	1296
孟加拉国	15	1.6	1227	818

资料来源：各国GDP及人均GDP来自2012年IMF数据。

长江经济带覆盖沿江11省市，人口近6亿人，GDP占全国的2/5，集建设、改革、开放三大任务于一身，将成为我国经济发展的新引擎，也是促进对内对外、东西双向开放的重要战略支撑。一批开放度高的产业集群必然会沿江聚集形成，向欧洲、南亚、东南亚开放必然要到中游上岸，然后北上或南下分别对接"一带一路"的西向和南向各个经济走廊。湖北是拥有长江干线最长的省份之一，承东启西、左右逢源，天然形成"两带一路"开放的战略交接点，在"丝绸之路经济带"、长江经济带两大国家战略中，理当成为重要战略支点，这个更有利于湖北打造"长江经济带战略主干和'丝绸之路经济带'战略交接点"。

六　湖北融入"丝绸之路经济带"战略布局的新策略

建设"丝绸之路经济带"是国家和中央新一轮对外开放的重大战略举措，为湖北全面提高经济外向度、建设内陆开放开发高地提供了重要机遇。省委、省政府高度重视经济带建设工作，多次召开专题会议，研究分析湖北"丝绸之路经济带"建设的战略定位和主要任务。

（一）总体思路

根据"丝绸之路经济带"国家战略总体部署，抓住国家向西开放的战略机遇，按照"政策沟通、道路联通、贸易畅通、货币流通、民心相通"的总体要求，按照"政府引导、企业主导、贸易先行、投资跟进"的基本原则，结合湖北省区的资源条件和产业优势，加强宏观规划、政策支持、产业定位和指导服务，以建设武汉国家中心城市为核心，以构建欧亚立体大通道为基础，以建立交流平台和健全合作机制为保障，以文化旅游合作为先导，以商贸物流、先进制造、科技教育、现代农业等领域为重点，充分发挥市场配置资源的决定性作用，加强与"丝路"沿线地区和国家的全方位合作，通过高效的服务、优惠的政策、合理的引导推动湖北企业"走出去"、推动湖北外向型经济突破发展，打造"丝绸之路经济带"和"长江经济带"建设的战略交接点。

（二）"新"策略

1. 积极争取国家把湖北作为"丝绸之路经济带"建设的有机组成部分，全域纳入国家总体规划

积极争取国家从扩大和深化内陆省份开放、促进中部崛起、推进区域协调发展的战略高度，充分考虑湖北独特的区位优势，以及在战略资源、产业支撑、文化融入、市场需求等方面的突出优势，把湖北作为"丝绸之路经济带"建设的有机组成部分，全域纳入国家战略规划，力争在重大基础设施建设、重大产业布局、战略资源开发创新、对外开发开放等方面给予政策倾斜。联合

"陆上丝绸之路"北线的陕西、甘肃、宁夏、青海、新疆，以及南线的广西、云南、贵州、四川等省份，深入研究与中亚、南亚、东南亚的合作可能性，进一步挖掘"丝绸之路经济带"的价值和发展潜力，为国家决策提供重要参考。充分发挥人大、政协的作用，在全国"两会"期间，以驻鄂全国人大代表的集体议案、驻鄂全国政协委员联名提案等形式，呼吁国家相关部门重视。同时，还可以考虑邀请九三学社等民主党派中央，以直通车形式向中共中央和国务院提出建议。

2. 积极探索内陆省份自贸区建设，进一步扩大对外开放

自由贸易区建设是湖北全面深化改革开放，推动建设"丝绸之路经济带"建设的重要载体。若能以建设"丝绸之路经济带"为契机，设立自贸区，在中部地区先行先试，与上海、陕西形成东、中、西响应的格局，将为湖北实现跨越式发展迎来来所未有的机遇。

3. 加快交通等基础设施建设，构建丝绸之路战略综合服务运输体系

开展国际能源、资源互利合作是建设"丝绸之路经济带"的重点战略之一，建议以建设国际区域性航空、铁路、公路、水运、管道运输等基础设施为重点，打造以湖北为中心、辐射全国、连接国内外的多式联运的战略综合服务运输体系。一是畅通西向。加强与新疆的联系合作，共建连接俄罗斯等国家和地区的能源战略通道。二是突出南向。继续深化与云南、广西及东盟各国的经贸物流合作，以产业链的整合为轴心，积极推进南向跨境交通基础设施建设。三是全力推进武汉国家级国际航空枢纽建设，巩固武汉至南亚、东南亚航线优势，重点辐射中亚、西亚、南亚、东南亚、俄罗斯及东欧国家及地区，构建高效便捷的亚欧航空物流通道。

（二）重点任务

1. 建立合作机制

建立湖北与"丝绸之路经济带"沿线各省区产业联动、联合开发机制。特别是依托湖北省科教大省的优势，建立中亚教育培训基地，推动共建"上合组织大学中国校区"，加强中亚地区与湖北省大学之间的合作，组建与中亚各国大学合作联盟，优先推动中南财经政法大学与纳扎尔巴耶夫大学建立校际合作关系。

同时，依托企业商会、行业协会、各类民间社团组织，建立交流合作机制，扩大民间友好往来。

2. 打造合作平台

举办"丝绸之路经济带"、长江经济带国际博览会和两带合作与投资贸易洽谈会，推介湖北省特色产品和优势产业，扩大湖北省与沿线各省区及中亚各国的贸易投资合作规模。

推动湖北省与中亚国家有关省州建立友好省州关系及各市与中亚各国相关城市建立友城关系。

组织筹建在武汉市召开的两带对接沿线城市圆桌会。

3. 产业园区建设

抢占新疆"口岸"，用"飞地经济"模式共建产业园。目前，国家战略意图十分明显，将优先发展北丝绸之路。为了跨区域实现无缝衔接，以最少的成本实现利益最大化，湖北可以考虑与新疆开展广泛的合作，采用"飞地经济"模式，发挥新疆在"丝绸之路经济带"中具有的"口岸"优势。

将这一模式"移植"到湖北身上，具体方式，可以由湖北、新疆共建特色产业园区。在合作模式上，由新疆提供土地，湖北提供资金、技术，并负责产业园区的建设、运营和管理。双方依据协议对园区的运营和税收收入按比例分成。这一举措，可以使湖北在构建"丝绸之路"经济带中抢占发展先机。

在建设"丝绸之路经济带"中,还应发挥比较优势,把加快发展特色优势产业和战略性新兴产业作为优化产业结构的主攻方向。注重与"丝绸之路经济带"周边国家的产业互补。

4. 设立"丝绸之路经济带"研究院

由政府直接出面组织"管、产、学、研"合作,支持省委省政府、中南财经政法大学、三环集团共同组建丝绸之路研究院建设。

(三)重点工作安排

1. 以项目为依托,筹建湖北境外经贸合作区

依托大型优势企业主导、上下游产业中小企业参与模式,筹划在"丝绸之路经济带"沿线国家建设湖北境外经贸合作区,推动湖北省企业境外集群,利用集合优势,降低投资成本,规避风险,增强竞争力。主要是依托华新水泥塔吉克斯坦年产100万吨水泥项目和后期工程,积极引导我省建材行业及上下游企业配套投资,集群"走出去",共同拓展相关国家市场。

2. 以展会为抓手,提高双边贸易质量

充分利用亚欧博览会、西博会、兰洽会、哈萨克中国商品展、阿拉伯国家博览会等经贸交流平台,帮助我省企业家寻找更多商机。发挥湖北在钢铁、石化、汽车、食品、机电和制造、高新技术产品等方面的比较优势,积极组织我省企业参展办展,大力开拓中亚市场,扩大我省优势产品出口。积极发展服务贸易,推动服务贸易和货物贸易协调发展。鼓励企业大力发展跨境电子商务,推动主要企业在经济带沿线交通枢纽建立仓储物流基地和分拨中心,完善区域营销网络。

3. 以需求为导向，推进矿产资源开发合作

"丝绸之路经济带"相关国家矿产资源储量可观，而湖北人均矿产资源占有量低，供求矛盾突出。结合湖北省实际，我们在矿产资源开发合作方面，有一批具备比较优势的设计咨询和工程企业，如十五冶、大冶有色、中冶武勘等，特别是湖北省的大冶有色通过新疆子公司已经在吉尔吉斯斯坦投资了矿产开发项目。因此，我们要结合湖北省矿产资源开发优势与中亚各国实际，鼓励、引导、支持湖北省有条件企业发挥比较优势，赴相关国家开展矿产资源开发合作，构建湖北省境外资源供给基地。

4. 以对外承包传统优势为基础，提高承揽质量

湖北省对外承包工程企业具备一定实力，多年来，在中亚市场业绩显著。要充分利用"丝绸之路经济带"相关国家基础设施建设大量需求，鼓励和引导具备实力、条件的大型对外承包工程企业探索采用以 BOT（建设—经营—移交）、PPP（公私合营）等投融资方式承揽境外大型电力工程和大型基建工程、工业、通信、矿产资源项目，适时采取以"工程换资源"等多种方式合作开发。以实现资金、技术、设备等生产力要素的自由合理配置为原则，以实力型企业为核心，以重大项目为纽带，跨行业打造我省对外承包工程企业的联合舰队，采取多种推介方式，将"湖北建筑"整体推向"丝绸之路经济带"相关国家工程市场。

5. 以活动为平台，推动双边洽谈合作

加强与"丝绸之路经济带"相关国家驻外经商机构、中资企业商协会及外方投资促进机构的紧密联系，充分发挥各方在信息、资源和政策等方面的优势，推动建立与其联系合作的常态机制，积极搭建平台举办多种形式的对接合作活动，引导湖北省企业开拓当地市场。同时，我们也要充分发挥省领导出访带动效应，结合当地实际，针对性地举办经贸推介洽谈活动，寻求与"丝绸之路经济带"各国的经贸合作机遇。

（四）对策举措

1. 明确湖北在"丝绸之路经济带"规划中的位置，加强规划实施的组织领导

明确湖北省在"丝绸之路经济带"建设国家战略中的位置。从目前国家相关部门通报情况看，"丝绸之路经济带"建设省份主要涉及西部省份，中部并无明确省份。湖北省应积极争取作为中部省份纳入国家战略框架内。同时，在国家出台丝路经济建设规划后，湖北省应加快制定参与建设"丝绸之路经济带"实施意见，做好顶层设计，明确湖北省参与建设"丝绸之路经济带"任务、目标、措施等。

成立湖北参与"丝绸之路经济带"建设工作领导小组，负责推动湖北向西开放，支持企业"走出去"的组织领导工作。领导小组下设办公室，由省发改委承担日常事务性工作。领导小组定期和不定期主持召开工作会议，研究重大战略、重大政策、重大项目的落实情况，商讨地区之间的协作配套并做出相应的工作部署。领导小组办公室与"丝绸之路经济带"沿线各省市加强联系，重点做好项目策划等前期工作，抓好项目库建设，搞好日常协调工作。

省委、省政府有关部门结合各自职能，加强对规划实施的指导。依据本规划的要求，制定本部门支持湖北参与"丝绸之路经济带"建设的具体政策措施，在有关规划编制、政策实施、项目安排、体制创新等方面给予积极支持，并做好组织协调工作。

2. 建立与中央相关部门的合作机制

借鉴武汉城市圈"两型"社会试验区建设中"部省合作"成

功经验，建立与国务院有关部门、直属机构及中央金融部门的合作机制，共同推进湖北参与"丝绸之路经济带"建设。

重点加强同国家发改委、水利部及其在汉的长江水利委员会、交通部及其在汉的长江航务管理局和长江航道局、国务院三峡建设委员会、中国长江三峡工程开发总公司、环保部、国家旅游局等机构的联系协调，建立部省合作机制。争取国家支持湖北参与"丝绸之路经济带"建设。

3. 建立政策促进措施，以金融资源优势支持企业"走出去"

一是要充分借鉴渝新欧、郑欧国际货运线路经验，加大扶持补贴力度，提高货源集中度，争取我省这条通向"丝绸之路经济带"的货运线路能够常态化运营，进一步密切我省与中亚经贸关系。二是出台专项资金政策，集中对于开拓"丝绸之路经济带"沿线国家市场的符合条件的企业予以重点倾斜，提高我省企业融入"丝绸之路经济带"建设的积极性。

整合各类财政投资资金，支持汽车、钢铁、石油化工、电子信息、纺织服装、食品等产业发展。根据国家税收调控政策，加强对湖北参与建设"丝绸之路经济带"主导产业的税收支持力度，扶持自主创新产业基地和生物医药、核产业等新兴高技术产业的发展。加快中小企业信用担保体系建设，简化融资担保手续，同时在创业辅导、技术改造、人才培训、市场开拓等方面加大服务和扶持力度。出台承接产业转移优惠政策，鼓励和吸引沿海产业和国际产业成体系、成规模转移。支持沿江新建承接产业转移园区贷款贴息。重点加强对中小创业企业和新兴领域创业的信贷扶持，发挥小额担保贷款、中小企业发展专项资金、创业风险引导基金的积极作用。积极辅导、支持发展基础良好、发展潜力巨大的优势企业在境内外上市融资、发行债券。

湖北可率先设立向西开放产业扶持基金，并提议国家设立

"丝绸之路经济带"战略产业基金。这样既有助于解决湖北对接构建"丝绸之路"经济带过程中可能出现的资金不足，又能够方便想投资中亚市场却不熟悉中亚的民间资本找到投资去向。

4. 培植外向型龙头企业

大力培育能够进入全球跨国采购体系的经营主体。鼓励有条件的企业如武钢、东风、湖北电力公司等大型企业走出国门，在国外建立生产基地、营销中心和经贸合作区，开展境外资源收购与合作开发、国际劳务合作、国际工程承包。鼓励高新技术企业通过在境外科技资源密集地区设立研发中心和研发型企业，更好地利用全球科技、智力资源，提高国内母体企业的技术水平和创新能力。完善支持企业"走出去"的总体协调机制，在资金筹措、外汇审核、人员进出、货物通关、检验检疫、项目管理等方面建立便捷高效的境内支撑体系，在领事保护、风险防范、信息沟通、政府协调等方面建立境外服务体系。

充分发挥湖北长江经济带人才密集、技术力量雄厚的优势，促进科研、勘测、设计、施工等优势企业中建三局、葛洲坝集团、大桥局、铁四院、中南电力设计院等的内联外合，更多地承揽包括勘测、设计、施工等项目内容的大型国际工程，带动湖北长江经济带技术、成套设备、原材料的出口和劳务输出。

加大劳务输出人员的培训，壮大对外劳务合作经营企业队伍，培育对外劳务合作经营龙头企业。积极拓展外派劳务市场，建立外派劳务基地，打造"湖北海员"等劳务品牌，扩大纺织服装业、农业、建筑业、运输业等领域劳务外派规模。

5. 创新对内对外开放的平台和环境

推动在武汉市设立内陆保税港区，发挥保税物流优势，利用长江干线高等级航道和主要港口资源，带动外向型经济发展。

坚持以向西开放作为对外招商重点，同时积极开展对港台、日韩及欧美的招商活动；主办好"华创会""中部文化产业博览会""汽车博览会""机博会"等定点武汉的博览会；改进活动方式，把组织大型活动与采取小分队招商、专业化招商、一对一洽谈结合起来；充分发挥商会、行业协会等中介组织的作用，调动企业招商的积极性；增加对外开放的财政投入，并完善政策促进体系，包括促进对外开放扩大规模和领域的财政政策、金融政策、土地政策和税收政策；逐步建立支持省内企业"走出去"的法律援助机制。

按照行为规范、运转协调、公正透明、廉洁高效的要求，积极探索"并联审批"与"全程服务"相结合的外来投资审批新模式，做到"一个窗口对外，一站式办公，一条龙服务"。推行首问负责制、服务承诺制、一次性告知制、限时办结制、投诉问责制，提高政府部门行政效能。进一步加强口岸建设，提高通关效率。创新通关模式，深化通关查验制度改革，加快电子口岸建设。

6. 促进与"丝绸之路经济带"沿线省市更紧密的合作

加强多方合作，前移建设"丝绸之路经济带"战线。一方面，湖北省要充分利用对口援疆有利条件，同时积极发展与宁夏、甘肃等西部沿边省份合作，充分利用其对经济带沿线国家的辐射通道，引导、支持省内企业将具有比较优势、市场饱和、出口利润低、有利于节能减排的加工制造转移到有关西部沿边省份，将建设"丝绸之路经济带"战线前移。另一方面，省政府要充分发挥湖北省对外投资合作部门联席会议机制的作用，整合各方资源和优势，推动与丝绸之路国家经贸合作迈上新台阶。

加强与北线地区合作。合力打造服务向西开放的港口群，建设以武汉新港为主体，以长江上游、汉江流域为综合运输主骨架，以中部地区重要港口为补充的国内综合运输中转集散基地。重点建设一批适应能源、钢铁、化工原料、产成品、建材以及外贸物资等大宗货物中转的港口，加快建设铁水联运港。同时建设以冶金工业原料、产成品、建材转运为主的一批中小型港口。通过港口群的建设促进经济的融合，全面开展经济技术合作，进而形成向西开放的物流基地。

加强与南线地区合作。充分利用云南和广西资源、外贸等方面的优势，主动参与协作，接轨"陆上丝绸之路南线"，配套海上丝绸之路，促进"流动、融合、分工"的区域经济一体化格局的形成。积极适应向西开放的市场需求，合理规划产业布局，促进产业分工和技术合作，主动与云南和广西沿边开发、开放呼应联动，努力实现在产业定位、服务项目、服务区域等方面的错位发展。

促进"丝绸之路经济带"全区域的联动发展。加强与沿线各省市的经济技术合作，南线、北线共同推进"丝绸之路经济带"的一体化建设，拓展区域经济新的发展空间。重点加强武汉、昆明、西安、兰州和乌鲁木齐五大中心城市之间的更紧密合作，建立起以武汉为东部枢纽，自东向西传导辐射众多大中小城市的"丝绸之路经济带"一体化体系，形成国内最具国际竞争力的经济增长带。

7. 充分利用对外友好交往资源，营造开放开发良好环境

充分利用对外友好交往资源，做好服务工作。积极推动湖北省城市与"丝绸之路经济带"相关国家城市建立友好城市关系，在扩大人才技术交流和旅游文化方面加强合作。发挥湖北省在相关国家建立的湖北国际合作工作站作用，为湖北企业"走出去"提供全方位服务。同时，要积极利用国家级对外交往资源，争取将省内与丝绸之路沿线国家重大合作项目纳入国家双边合作框架，从而减少风险，保障企业权益。

多方面营造湖北参与"丝绸之路经济带"建设的良好环境。

一是营造开放的观念环境，树立市场经济和开放合作意识，将自身的资源、区位、环境等优势与外部的资本、技术、人才等结合起来，实现自身优势向产业发展优势与经济增长优势转换。二是营造新的体制环境，切实解决项目和企业多头管理、部门个人利益至上、优惠政策不落地等不利于企业投资经营的实际问题。三是营造优质的服务环境，为外来客商、企业和广大群众提供优质高效服务。四是营造公平有序的法制环境，确保各项经济活动健康有序开展。五是营造良好的舆论环境，创新宣传机制，拓宽宣传渠道，积极搭建对外宣传与交流的平台，大力宣传湖北参与"丝绸之路经济带"建设新一轮开放开发取得的成效，鼓舞全省人民的士气，提高湖北产业、企业在国内外的知名度和影响力。加强对湖北依托"丝绸之路经济带"开放开发，推动企业"走出去"的理论研究，成立"湖北'丝绸之路经济带'研究院"，举办开放开发论坛、交流经验、探讨问题、提出对策、完善机制，为新一轮开放开发提供智力支撑。

执笔人：吕勇斌　章晟

专题三　国内沿线地区产业格局与市场需求

一　"丝绸之路经济带"沿线产业发展现状以及湖北省产业优势

（一）沿线产业发展现状

1. 第一产业具有天然优势

"丝绸之路经济带"沿线各省区由于地理、气候等原因，大多在种植业、林业和畜牧业等第一产业上有着天然的优势。

例如陕西是世界上苹果种植最佳适宜区；甘肃出口中亚的农产品主要有苹果、马铃薯、洋葱及秋冬蔬菜等品种；青海集中打造枸杞产业的新优势；新疆素有"瓜果之乡"的美称，拥有葡萄、哈密瓜、香梨等特色水果。

除果蔬农产品优势外，"丝绸之路经济带"国内沿线地区的畜牧业也具有比较优势。山西拥有一些品质良好的畜禽品种，如秦川牛、关中奶山羊、白绒山羊等在全国占有重要的地位；甘肃的草食畜牧业发展迅速，成为推动农业转型跨越发展的重要突破口；宁夏主打"清真牛羊肉"品牌和"优质奶源基地"的金字招牌；新疆主推生态畜牧业，已在无公害农产品和绿色食品的生产和认证方面具有一定的规模；云南在畜种资源方面具有明显的优势，如中甸的牦牛，昭通的黄牛以及云南特有的独龙牛，都是我国特有的畜种。

2. 第二产业具有较明显的独特优势

沿线各省区在能源开发和机械制造领域具有较明显的独特优势。陕西围绕建设国家大型煤炭示范基地，以煤化工为主攻方向，发展壮大能源化工产业。陕西还是制造业基地和航空产业基地。甘肃在石油化工、有色冶金和机械制造等领域具有一定优势。青海以柴达木、西宁经济技术开发区两个重点循环经济试验区总体规划的实施为契机，在积极推进复合肥、氯碱、高精铝板带、250万吨铁矿等项目的同时，继续在油气、盐化工、特钢、有色金属、煤化工等领域谋划一批精深加工项目。新疆也拥有丰富的矿产资源，石油资源占全国陆上资源总量的30%，天然气占34%，煤炭占40%，风能、太阳能等清洁能源也在全国占有重要地位。宁夏由于其伊斯兰文化和宗教背景，清真食品产业有其独特的优势，清真食品工业园项目得到多方投资支持。

四川明确的七大优势产业几乎都来自第二产业，分别是装备制造、电子信息、饮料食品、油气化工、能源电力、稀土和汽车制造。成都的机械制造业具有明显优势。云南则是烟草行业非常发达，在昆明、曲靖罗平、保山、玉溪、临沧、丽江、昭通等地都分布着云南主要的烟草公司。

3. 交通运输业和旅游业为第三产业中重点发展对象

国内沿线各省区的第三产业发展中，交通运输业和旅游业是各省普遍具有的传统优势和着力打造的重点发展对象。

乌鲁木齐海关结合新疆发展实际，量身定制了铁路、公路、空港、管道、电缆五位一体的立体监管通关模式，使新疆真正成为"丝绸之路经济带"上的黄金通道。2011年重庆开通渝（重庆）新（新疆）欧（欧洲）国际定期货运班列，是"丝绸之路经济带"最早开通的五定班列（定点、定线、定车次、定时、定价）。

旅游业也是"丝绸之路经济带"沿线各省重点打造的产业。陕西在历史古迹、自然风光、革命圣地等方面拥有一流的旅游资源。甘肃省已有8座城市入选国家优秀旅游城市的行列，五处风景名胜区入选国家4A级、5A级景区。青海以青海湖为中心初步形成了食、住、行、游、购、娱六大要素综合配套的产业体系和观光旅游为主，度假旅游、商务旅游不断发展的产业结构。宁夏则一方面从黄河文化旅游板块方面，叫响"天下黄河富宁夏"的影响力；另一方面从回族文化旅游板块方面，重点打造回乡文化黄金旅游线路。新疆拥有高山、盆地、洼地、谷地、湖泊、草原等迥异的地貌，旅游资源非常丰富，已有8个国家5A级景区。旅游业同样是新疆的支柱产业之一。云南凭借浓郁的民族性、资源的多样性和景观的奇特性，在旅游业发展上具有明显优势。

（二）湖北省产业优势

湖北省历史上是古丝绸之路的重要组成部分，如今在向西开放上已具备一定基础，特别是湖北省对口支援的博州，是我国向西开放和构建"丝绸之路经济带"的重要桥头堡，此外，湖北省与"丝绸之路经济带"国内沿线省区的资源、产业、市场和人文有很大的互补性，具有较强的比较优势和有利条件，参与"丝绸之路经济带"的建设，完全有信心有所作为，实现互利双赢甚至多赢。

2015年湖北省三次产业结构比例为11.2∶45.7∶43.1，第二产业所占比重最大。在第二产业中，初步形成了以汽车、冶金、化工、装备制造、纺织服装、水电、建材和食品等为主的优势产业，以电子信息、生物医药和新能源、新材料、环保产业为主的新兴产业；农业以优质粮棉油、蔬菜和水产品为主体，农林牧副渔全面发展；服务业以商贸、金融、物流、旅游和信息服务业为主，现代服务业发展步伐不断加快。

1. 交通区位优势异常明显

湖北素有"九省通衢"之称，交通区位优势非常明显。武汉是我国重要的铁路枢纽，已形成"米"字形铁路网，辐射全国。另外，通过郑州、重庆、成都，还可对接已开通的郑新欧、渝新欧、蓉欧快线等赴欧洲铁路线。更有京广线、汉丹线、西宁线三条铁路的交通优势。

2012年10月24日开通的汉新欧（汉口—新疆—欧洲）货运专列，穿越哈萨克斯坦、俄罗斯、白俄罗斯、波兰，到达捷克，行程1万多公里，仅用17天。2014年7月1日，沪汉蓉客专开通动车组，武汉到重庆时间缩短一半，不仅形成了长江经济带陆上快速通道，也延伸了湖北向西开放的无限可能。

公路方面，保（康）宜（昌）高速公路通车，湖北一肩挑"两带"地位更加突出。保宜高速通车后，可将西北重要的边境口岸与长江黄金水道快速对接，即新疆霍尔果斯—西安—十堰—宜昌—上海，从而形成一条出海大通道。京珠、汉十、随岳三条高速公路，107、316、312三条国道贯穿全境，路网之密布为全国同类城市所少见。

向东，湖北可以发挥长江黄金水道作用，发展江海联运，衔接"21世纪海上丝绸之路"。武汉新港、荆江组合港、三峡枢纽港的建设，水陆并进，使湖北枢纽地位无法取代。

2. 钢铁产业领先全国

湖北的矿产资源十分丰富，具有矿产种类多、规模大、相对集中的特点，为冶金、建材、化工等原材料工业的发展，提供了得天独厚的条件。湖北具有冶金丰富的技术经验，冶金工业是湖北的重要支柱产业之一。

2015 年全省生产粗钢 2919.8 万吨、钢材 3421.2 万吨，分别占全国的 3.63% 和 3.05%。湖北正以全国四大钢铁企业之一的"武钢"为龙头，依托武钢、鄂钢和冶钢，整合武汉、鄂州、黄石三市的钢铁产业资源，积极向大企业集团发展，培育壮大湖北省的钢铁产业群。

3. 汽车和零部件制造业实力雄厚

湖北省依托东风汽车公司，形成了武汉、襄阳、十堰 3 个省内汽车产业集群，在全国具有重要地位，综合实力位居全国"前三强"，零部件产值和成本控制两项排名全国前两位。

湖北省汽车行业"十三五"重点发展的零部件聚集区包括武汉及周边汽车零部件"环状"聚集区、"十襄随"汽车零部件"带状"聚集区和"荆荆宜"汽车零部件"三角状"聚集区。

"东风""富康"品牌在全国富有影响力，也引领了整个产业发展。在"东风""富康"两大中国驰名商标的影响下，湖北省被认为是中国的汽车大省。在东风、神龙汽车整车厂的带动下，湖北现有的 50 余家汽车零部件企业正逐步扩充，一个大规模、高水准的汽车产业群将崛起。

4. 水利优势得天独厚

湖北在水利上拥有丰富的经验优势。目前，湖北基本形成了防洪、排涝、灌溉三大工程体系，跻身全国水利大省行列，江河干堤长度、大型水库座数、大型排涝泵站装机容量均居全国第一。三峡水电站、葛洲坝水电站等大型水电站，更是为湖北水利的发展提供了宝贵的经验和发展指导。

5. 光电子信息产业国内首屈一指

目前东湖地区聚集着 23 所大学、56 家科研院所，拥有 42 名两院院士，其中 10 名是光电子信息技术的学科带头人，拥有各种科技人员 10 万余人。

湖北的光电子信息产业以武汉大学、华中科技大学等为技术和人才依托，以烽火科技、楚天激光等为企业依托，以光纤光缆、激光设备等产品为依托，构成了一个十分活跃而且极具规模的开发和生产群体。

位于武汉市东南部洪山区、江夏区境内的武汉东湖新技术产业开发区，被称为"中国光谷"。2000 家高新技术企业分类聚集于此，其以光电子信息产业为主导，能源环保、生物工程与新医药、机电一体化和高科技农业竞相发展。

6. 建筑业国内领先

湖北建筑业，特别是以桥梁和钢结构产业集群发展为代表的武汉建筑业整体科技水平和研发创新能力处于绝对领先地位，创造了多项中国第一、亚洲第一甚至世界第一的纪录。

从房屋工程建筑来看，武汉有从事建筑设计的甲级设计院 40 余家，其中中南建筑设计院是国家最早组建的六个大区综合性建筑设计院之一，中国建筑第三工程局（简称中建三局）在全国始终也处于领跑者行列，以承建"高、大、新、尖"房建工程著称于世，以"敢为天下先，永远争第一的精神"不断改写中国建设的新纪录。在业内，中建三局被誉为"用高新技术改造传统产业的典型"。

中国桥梁的核心技术在武汉，80% 的桥梁由武汉企业建造，70% 是世界公认的优质工程。武汉是"建桥之都"。中铁大桥局是中国唯一入选国际十大桥梁承包商的国际级特大型造桥专业施工企业。

50 多年来中铁十一局先后承担青藏、成昆、京九、大秦等 20 多条铁路干支线和成渝、京珠、京沪、京福等十多条高速公路的建设以及多处桥梁、公路、机场、能源、邮电、港口等工程施工。

中交二航局则是我国国内唯一一家集公路工程施工总承包特级、港口与航道及市政公用工程施工总承包一级资质于一身的大型骨干建筑企业。

7. 科教产业实力突出

湖北是一个科教大省,高校在校学生人数在全国居第 2 ~ 3 位,科研院所特别是军工科研院所较多,科研实力雄厚。

湖北省高教优势突出,高等教育规模不断扩大。截至 2016 年 5 月,湖北省经教育部、省政府审批备案的普通高等学校共有 129 所,本科 68 所,高职高专 61 所。其中,中央部委属高校 8 所、省属公办本科高校 28 所、民办本科高校 15 所、独立学院 17 所、高职高专学校 61 所、民办高等职业学校 12 所。另有成人高等学校 6 所。

湖北高等学校学科覆盖面广,学科水平不断提高。现有博士、硕士学位点及博士后科研流动站数量均位居全国前列。高校一级学科、二级学科、国家重点学科数量位居全国第 4 位。从学科结构看,湖北排在全国前 10 名的学科主要集中在工学、管理学、农学、理学、法学、教育学,这些学科都具有悠久的办学历史,发展迅速,实力雄厚。

近年来,湖北科技创新平台建设取得明显成效。各类国家级科技基地、平台拥有量在全国排名前三位,形成了比较完善的高水平创新平台体系。截至 2015 年,全省拥有国家级重点实验室 27 个,教育部重点实验室 33 个,国家工程(技术)中心 19 个,教育部工程(技术)中心 23 个,教育部人文社科基地 11 个。此外,还建有省级重点实验室 152 个,省级工程中心 121 个,省级人文社科重点研究基地 30 个。

二 "丝绸之路经济带"国内沿线省区未来市场
需求变化特点及湖北发展机遇

(一) 沿线省区未来市场需求变化特点

总体来说,我国西部各省份普遍存在产业发展层次较低的问题。第一产业仍然以传统农业经济为主体;第二产业中能源资源开采比重较高;第三产业以批发零售业、交通运输、仓储、邮政业等传统服务业为主,而金融等现代服务业相对滞后。产业发展多以低端劳动密集型低附加值类型为主。相比于发展层次高的产业,这些产业存在技术含量低、环境污染高、资源消耗大等问题。

为解决产业发展中存在的问题,各省都努力以推进特色发展、循环发展和培育核心竞争力为目标,构建结构优化、技术先进、清洁安全、附加值高、吸纳就业能力强的现代产业体系。

1. 大力发展现代生态农牧业

在"丝绸之路经济带"沿线各省的"十三五"规划中都强调了大力发展现代生态农牧业的重要性。要加速推进农牧业现代化,用现代发展理念引领农牧业,用现代物质条件装备农牧业,用现代科学技术改造农牧业,用现代产业体系提升农牧业,用现代经营形式推进农牧业,不断提升农牧业产业层次和整体水平,大幅度提高生产效率和农牧民收入。

中共青海省委关于制定国民经济和社会发展第十二个五年规划的建议中指出,要以特色、设施、集约、加工、转移为主攻方向,加快构建现代农牧业产业体系,着力推进农牧业发展方式转变。大力发展设施农牧业,建设一批生态农牧业种养殖基地和制种基地。加快农牧业标准化体系建设,健全农畜产品质量安全体系。调整优化布局，重点发展十大特色产业，全面推进生态畜牧业，做大做强农区畜牧业。

推进现代农牧产品加工业发展是新疆由农业大区向农业强区转变、实现农牧业现代化的重要突破口，构建信息服务、科技支撑、产业园区和农产品及加工品外销四大平台，以龙头企业为依托，重点围绕棉花、粮油、林果、畜产品、区域特色农产品，大力发展高科技含量、高档次、高附加值的农产品精深加工业。

广西把增强粮食安全保障能力作为重要任务，实施新增粮食生产能力规划，优化粮食品种结构，加快超级稻、优质稻等良种选育推广，严格保护耕地，加强农村土地整理复垦，重点搞好以农田水利设施为基础的田间工程建设，大规模改造中低产田，把产粮大县的基本农田尽快建成旱涝保收的高标准农田，发展一批水稻、玉米和冬种马铃薯等优势产区。

2. 加速工业转型发展

坚持走新型工业化道路，适应市场需求、结构调整、消费升级新变化和科技进步新趋势，推进工业化与信息化融合发展，加快发展结构优化、技术先进、配套协作、清洁安全、附加值高、竞争力强的千亿元产业和新兴产业，尽快做大做强做优工业是"丝绸之路经济带"沿途各省在"十三五"规划中的重要内容。

宁夏根据"五优一新"产业集群发展规划实施进展情况，及时提出和完善更加有利于产业集群发展的各项政策措施，为大中小企业、大项目及时有效对接创造条件。充分利用各工业基地和园区的资源优势和已经形成的"五优一新"产业基础，推动优势特色产业集群深入发展，特别是在新能源、新材料、新型煤化工、先进装备制造业等战略性新兴产业发展上有新举措、新突破。新疆将不断优化结构、延伸产业链，加快发展制造业，在新的起点上做大做强特色产业，全面提升竞争力，实现优势产业率先跨越作为"十三五"规划的产业建设重点之一。目标是将新疆建设为国家大型油气生产和储备基地、国家重要的石油化工基地、大型煤炭煤电煤化工基地、大型风电基地和国家能源资源陆上大通道，建成国家绿色农产品生产和加工出口基地。推进优质棉纱、棉布、棉纺织品和服装加工基地建设。

除此之外，把握低碳、循环、生态、绿色的发展方向，以发展园区经济为载体，以发展循环经济为主要途径是青海省升级产业模式的重要方法，以建设百个项目、培育百家重点企业的"双百"工程为抓手，加快培育战略性特色工业。如新能源产业、新材料产业、盐湖化工产业、有色金属产业、金融化工产业等，全面促进工业结构优化升级。

3. 全面加快服务业发展

各省坚持把现代服务业发展作为产业结构优化升级的战略重点，不断增强经济发展的协调性、持续性，着力提高服务业发展层次和水平。各省把促进服务业大发展作为推进新型工业化、农牧业现代化和新型城镇化的重要保障，作为扩大就业和消费需求的重要抓手，按照"发挥优势、服务全局、突出重点、创新发展"的原则，优化服务业结构，不断提高服务业发展质量和水平。在陕西省"十三五"发展规划中，服务业的主要任务是在增强发展后劲的同时，提高生产性服务业的经济效率，充分发挥生活性服务业的就业吸纳能力。其他各省的发展规划中服务业在产业结构中所占的比值也都有所上调。新疆把促进服务业大发展作为推进新型工业化、农牧业现代化和新型城镇化的重要保障，作为扩大就业和消费需求的重要抓手，按照"发挥优势、服务全局、突出重点、创新发展"的原则，优化服务业结构，不断提高服务业发展质量和水平。

各地加快构建现代金融体系，全面提升金融服务水平，不断满足日益增长的多样化金融需求。广西壮族自治区计划扩大直接融资，鼓励更多企业成为上市公司，支持企业发行债券。开发新的保险品种，拓宽保险资金运用渠道。围绕打造南宁区域性金融中心，加快建设连接东盟的区域性人民币结算中心、离岸中心、投融资中心和金融人才信息交流中心。

青海省在现代物流及中介服务业中计划大力发展第三方物流，形成以物流信息平台、连锁配送网络为基础，以大型物流企业为骨干的现代物流服务体系，培育10家骨干物流企业。加快发展速递物流业。积极发展社会服务业，鼓励发展科技服务、产权交易、商务会展、金融理财、职业介绍、文化传播等中介服务行业，规范发展会计、评估、认证、咨询、征信、律师、司法鉴定等服务业。

4. 培育发展战略性新兴产业

在"十三五"规划中，"丝绸之路经济带"沿线各省区强调了战略性新兴产业发展的重要性。根据战略性新兴产业的特征，立足我国国情和科技、产业基础，现阶段重点培育和发展节能环保、新一代信息技术、生物、高端装备制造、新能源、新材料、新能源汽车等产业。

比如，广西在"十三五"规划纲要中提出要大力发展能源产业。推进能源多元清洁发展，转变能源生产和利用方式，优化能源结构，构建清洁能源示范区。深度开发水电，优化发展火电，加快发展核电，积极发展生物质能、风能、太阳能、地热能、潮汐能等可再生能源。稳步推进沿海液化天然气利用、非粮乙醇、生物柴油、生物质成型燃料、生物质气化等项目建设，开展分布式能源和太阳能城市试点，配套建设电动汽车充电设施，提高可再生能源在能源消费中的比重。

5. 建设现代化综合基础设施体系

"丝绸之路经济带"沿线各省区全面提升城市基础设施水平，

加强城市道路交通基础设施建设、加大城市管网建设和改造力度、加快污水和垃圾处理设施建设、加强生态园林建设是建设现代化综合基础设施体系的重要内容。

在交通方面，青海省完善交通运输网络，提高通畅水平和通达深度，建设综合运输大通道和综合交通枢纽，优化各种运输方式的衔接，全面提高交通运输能力和效率。新疆强调了交通基础设施在物流业和旅游业的重要性，指出要加强主要景区连接交通干线的旅游公路建设，改善旅游交通条件，建设全疆旅游综合信息服务平台。加快构建新疆与内地和周边国家紧密联系的铁路、公路、民航、管道等综合交通运输体系，全面提升新疆在全国乃至中西亚地区交通运输格局中的国际大通道和交通枢纽作用。

在信息化建设方面，新疆要求进一步加强通信设施建设，发展多种形式的宽带接入，提高宽带接入率，实现互联网的广泛应用。加快数字广播、电视的建设与改造，促进数字广播、电视的普及覆盖。加快光纤宽带网络、第三代移动通信网络建设，促进"三网"融合。以基础信息网络和重要信息系统安全为重点，加强信息安全保障体系建设，基本完成自治区网络与信息安全保障体系建设，全面提高网络与信息安全防护能力，创建安全健康的网络环境。

新疆计划加强城镇基础设施和公共服务设施建设，不断增强城镇功能和可持续发展能力。加快城镇交通设施建设，优化路网结构，优先发展城市公共交通，提高通行能力。加强城镇供排水、供气、供电、供热、污水和垃圾处理、防灾减灾等工程，以及学校、医院等公共服务设施建设。加强城市园林绿化和城市周边绿化建设，提高城市绿化率。努力改善人居环境，建设优美宜居城市。

（二） 湖北面临的机遇和挑战

1. 机会分析

"丝绸之路经济带"战略构想的独特之处在于将中西部的开放和发展与我国的对外战略相结合，这为我国中西部地区的发展提供了前所未有的历史机遇。湖北作为中部崛起的主要力量之一，在"丝绸之路经济带"建设中面临着许多有益的机会。

首先，提供了向中亚、西亚扩大经贸往来的契机。"丝绸之路经济带"东牵亚太经济圈，西系欧洲经济圈，被认为是"世界上最长、最具有发展潜力的经济大走廊"，沿途国家贸易额占全球贸易额的22%。"丝绸之路经济带"总人口近30亿人，市场规模和潜力独一无二，各国在贸易和投资领域合作潜力巨大。为实现贸易畅通，各国就贸易和投资便利化问题进行探讨并做出适当安排，消除贸易壁垒，降低贸易和投资成本，提高区域经济循环速度和质量，实现互利共赢。除了符合时代发展的大势外，共建"丝绸之路经济带"的倡议也契合"丝绸之路经济带"沿线国家和整个地区的共同需求，为区内各国优势互补、结构调整、开放发展开启了新的机遇。"丝绸之路经济带"域内国家大多数是新兴经济体和发展中国家，要素禀赋各异、发展水平不一，在能源资源、劳动力供给、技术水平、资金实力、市场容量等方面各有优势，经济结构互补性很强，而且普遍处于经济结构调整转型升级的关键阶段，具备开展互利合作的深厚基础。

其次，为湖北提供了扩大金融开放的新机会。在"丝绸之路经济带"中，人民币作为区域性流通货币的地位日益凸显，越来越受到各国企业和投资者的青睐。中国在尚未放松资本流动管制与国内金融体系改革的情况下，鼓励人民币离岸交易。近几年来，中国陆续与塔吉克斯坦、乌兹别克斯坦、土耳其等国签订双边本币互换协议，推动贸易本币结算。数据显示，仅 2012 年，中国与中亚国家人民币结算总量为 18.6 亿元，并呈现不断上涨态势。"丝绸之路经济带"沿途各省尝试利用货币流通政策所带来的机遇，例如新疆在 2009 年成为我国第一个获准开展跨境直接投资人民币结算试点的省份，中哈霍尔果斯国际边境合作中心在 2013 年成为全国首个"境内关外"离岸人民币创新金融业务试点区，享受比深圳前海、上海自贸区还优惠的特殊离岸人民币政策。湖北亦可借此机会，在进一步推进政策体制机制创新，在人民币资本项目可兑换、利率市场化、人民币跨境使用等方面先行先试，打造金融"特区"，和国内外各地区加强金融领域合作，以此加快省内金融领域的发展，实现金融、贸易等领域的发展新机会。

最后，为湖北联通中亚、西亚及欧洲的铁路设施提供了用武之地。"道路联通"是"丝绸之路经济带"构建过程中的重要内容。湖北省地处我国中部，长江中游，承接东西，贯通南北，东临我国经济发展速度水平最高，具有较强的开放和技术优势的地区，西接我国近年来经济发展速度较快，具有丰富资源优势的西部大开发地区。湖北位于东部技术产业密集区和西部资源密集区结合的区域，在经济发展和物资运输上占有重要地位。除国内的铁路网、高速公路网、长江水道外，"汉新欧"货运干线，经过中亚，直抵欧洲。

2. 挑战分析

首先，湖北融入"丝绸之路经济带"建设面临着国内沿线省区激烈的竞争。"丝绸之路经济带"大致在古"丝绸之路"范围之上，主要包括西北陕西、甘肃、青海、宁夏、新疆等五省区，西南重庆、四川、云南、广西等四省市区。"丝绸之路经济带"战略构想提出后，基于各自比较优势，作为重点支撑的沿线省区对于自身的定位逐渐明确。广西、云南、新疆在《国务院关于加快沿边地区开发开放若干意见》中，分别被确定为"东盟合作高地""向西南开放重要桥头堡""向西开放门户"。新疆、甘肃、陕西、宁夏、青海分别各自定位为"丝绸之路经济带""核心区""黄金段""新起点""战略支点""战略基地和重要支点"，重庆定位为"丝绸之路经济带"的"起点"和"丝绸之路经济带"与"长江经济带"建设的"枢纽节点"。

其次，西部各省大多享有国家赋予的优惠政策。"丝绸之路经济带"沿线省区均位于我国西部，国家实施的西部开发战略，给予它们众多的优惠政策，在"丝绸之路经济带"建设中比湖北更具优势。比如，在旅游方面，国家对西部实施倾斜政策，西部省份高品位的旅游资源，神秘独特的旅游形象，将对湖北省旅游发展构成强有力的竞争。例如，黄河沿岸十省区旅游界人士在青海省会西宁市聚会，商讨加强协作，共享黄河旅游资源。决定在做好国内旅游市场的同时，有针对性地开拓国际市场，向海内外打出中华民族"母亲河"这张旅游名牌。沿黄河各省区将共同策划，规划设计新的旅游线路，重点推出黄河源头探险、河源清清黄河游、源头民俗风情、中华民族寻祖文化游、佛教文化游等新的旅游精品路线。此外，湖北省和周边地区共有相似的旅游环境和旅游资源，相类似的旅游产品之间空间竞争日益加剧，如与安徽竞争大别山，与重庆竞争长江三峡，与河南竞争诸葛亮故里等。

最后，湖北与中亚、西亚的经贸往来中也存在一些问题。"汉新欧"铁路专列是湖北与"丝绸之路经济带"国外各国"道路联通"的重要内容，但首趟之后，"汉新欧"便陷入停运状态。个中原因基本涵盖了目前湖北向西开放中的一些问题：一是通关麻烦，由于没有本地通关口岸，"汉新欧"专列通关验放就必须到新疆阿拉山口口岸；二是运费比海运高出一倍；三是没有足够的货物运回，中亚、西亚经济发展水平相对落后，能够出口到中国的商品种类较少；四是经过地区冬季气温达零下 40℃，所运货物无法承受如此低温，有半年时间班列无法运行；五是同业竞争激烈，"汉新欧"与"渝新欧"、"郑新欧"专列都是西出新疆阿拉山口，途径哈萨克斯坦、俄罗斯、白俄罗斯、波兰，以捷克或德国为终点，八成以上的线路完全重合。"汉新欧"若不能尽快实现常态化运行，湖北省出口货源将陆续被分流，"汉新欧"发展空间将进一步被压缩。

3. 优势分析

首先，湖北最大的优势在于极为有利的地理位置。湖北居中部之中，位于国内市场枢纽、扩大内需前沿位置，广阔的市场腹地、强大的内需汇聚能力是湖北巨大的潜在发展能量。通过参与"丝绸之路经济带"的建设，这种潜在的发展能量必将激活并释放出来，转化为推进开放的强大能量。向西开放空间的拓展，将进一步增强湖北的核心优势。以武汉为圆心，北到北京、天津，南至广州、深圳，东到上海、杭州，西抵成都、西安，距离都在半径大约 1100 公里范围内。武汉、襄樊已成为重要的铁路枢纽，在全国航空网中武汉具有较高的地位，长江横贯全省，是湖北与沿江省市紧密相连。武汉也是国家重要的内陆港口，在水运联运中具有突出的作用。通过湖北省境内的八条国道和两条国道主干线是湖北成为国家公路网的重要枢纽节点，西部开发大通道的沪蓉、福银高速公路和四通八达的公路网是湖北"东西双向开放的战略交汇点"。

其次，湖北拥有融入"丝绸之路经济带"的强大基础。一方面，"汉新欧"铁路专线开通营运，增设面向中亚、欧洲的国际航线，向西开放的通道日益畅通。新疆开放的加快和湖北援疆工作的坚实基础，构成了湖北西向开放的初步平台。另一方面，国家明确把"长江经济带"作为国家战略，把长江中游城市群作为新的增长极来培育，特别是把内陆地区的南北东西互动与整合枢纽作为新的增长空间来谋划，大大提升了湖北在国家新一轮发展版图中的战略地位，大大增强了湖北建设"东西双向开放战略交汇点"功能。

再次，湖北拥有明显的人才优势。湖北是一个教育大省和科技强省，科技人才优势十分明显。湖北省是全国高等学校的聚集地之一，有着先进的教育体系，培养出了一大批优秀的科研和建设人才，为区域经济建设的发展提供了强有力的支持。截至 2016 年 5 月，湖北拥有普通高等院校 129 所，在全国排第二位，拥有专任高校教师 7.9 万人，在全国排第五位。高校教师中，具有高级职称的教师占 41%，高于全国 39.8% 的平均水平，在全国排第八位。可以利用湖北的人才培养优势，促进和"丝绸之路经济带"沿途各省的人才交流活动。

最后，湖北与"丝绸之路经济带"沿线各省区产业互补特点明显。（1）湖北省是农业大省，主要产粮、棉、油、生猪等农副产品，是我国重要的老农业基地。加入 WTO 后，水果、蔬菜、茶叶等农业和经济作物在国际市场上仍具有较强的竞争优势。相对于"丝绸之路经济带"中西部各以工业和资源为主的省份，湖北省的第一产业优势较大。（2）湖北省是我国重要的工业基地，工业基础雄厚，门类齐全，综合配套能力强。湖北已经拥有武钢、神龙、二汽等在全国有一定影响的大企业，随着"武汉·中国光谷"及长江三峡工程的建设，越来越多的地区都注意到了湖北在全国经济发展中的优势地位。以"武汉城市圈"为中心的长江中游地区已经形成了门类比较齐全，具有相当规模的工业体系。（3）湖北有东湖、襄阳、宜昌高新区等 18 个高新技术产业园区，科技创新能力不断进步，其中东湖高新区的"武汉·中国光谷"已形成海内外知名品牌。湖北最大的优势和后劲在科技和人才。（4）湖北省的第三产业在全国具有较强的竞争优势，湖北正在建设以武汉为中心的我国内地最大的商贸中心，同时注重以电子商务为代表的现代物流业的发展，推动形成物流和经济中心。

4. 劣势分析

首先，湖北在发展的软环境方面还存在较大的差距。一是开放意识不足。发达国家和地区的经验表明：大开放，大发展；越开放，越发展。湖北省地处内陆，发展不够加上开放不足是省情最大的实际，必须进一步扩大对内对外开放，以开放促发展、促改革、促创新。二是政府管理和服务有待改善。行政审批制度改革不够，与发达省份相比，行政审批事项多、手续复杂。一些部门"人难找、事难办、脸难看"的"三难"现象仍然突出，"乱收费、乱摊派、乱罚款"的"三乱"问题屡禁不止，不同程度地损害了湖北的形象和长远利益。三是市场化经济体制发育不健全。由于历史的原因，湖北国有经济占比较高，政府对企业和市场的干预较多，市场配置资源的效率亟待提高。创业氛围和环境不优，市场主体不多、不大、不强。中介服务业发展不完善，还不能满足市场对中介服务的需求。四是人文环境有待完善。湖北是文化大省，荆楚文化内涵丰富、优秀灿烂，但也存在君子固穷、小富即安的"内陆意识"，"一锤子买卖"的"码头文化"，以及重眼前、轻长远的"小聪明"，不利于创新创业和亲商悦商。

其次，湖北人才优势未能转化为经济发展优势。虽然湖北在教师培养、科研项目、申请专利等方面在全国范围内属于靠前位置，但从衡量经济发展水平的主要指标来看，湖北在全国均处于10名以后的位次上，而且大多低于全国平均水平，湖北的经济发展水平却与其科技人才的位次不相称。在人才优势与发展不足矛盾的成因中，一方面，不合理的科技人才政策制约了湖北科技成果的产出；另一方面，科技人员中高校教师相对较多，而专职科技人员相对较少。

同时，缺乏高水平的资本运作及经营管理人才制约了科技成果的产业化。湖北应充分利用"丝绸之路经济带"的发展机遇，制定以武汉为中心的区域科技创新及其产业化发展规划、科技人才队伍建设规划与政策，在企业与高校及科研机构科技人员合作创新上给予优惠政策，更好地吸引人才、培养人才、留住人才、用好人才。

再次，湖北产业结构与资源的匹配度不够。产业的有机化程度不高，致使能源资源长期成为制约因素。比如，"丝绸之路经济带"可以发挥各地的比较优势，突破国际国内瓶颈，从而充分发挥科技、人才优势。实际上，在封闭条件下，这些问题难以有效解决。在单纯向东开放的条件下，因为来自发达地区高端产业，高端产品，高端体制和高端模式的压力强大，湖北难以缓解这些约束。在扩大向西开放的背景下，湖北在调整产业结构、推进产业体系、实现资源与产业管理匹配方面有更强的竞争力和更大、更为灵活的空间。

最后，精品旅游资源开发程度不高。湖北省拥有一批品位高、文化价值高的文化旅游资源，如楚文化旅游资源、三国文化旅游资源、土家文化旅游资源等，但由于交通不便，分布不集中或者破坏严重等原因在短时期内由于开发成本高，难以转化为高质量的旅游产品。湖北省旅游管理体系尚未完善，未能形成有湖北省特色的旅游管理模式。湖北省旅游产品多位于行政区划交界处，区域协调开发难度大，要求管理者有较高的区域管理水平和组织保障能力，这对目前湖北省旅游管理机构提出了挑战。

三 湖北省产业发展对策

（一）湖北省产业发展的战略定位与目标

长期以来，湖北省拥有得天独厚的地理、人才、科技、工业基础等多方面优势，但改革开放以来，湖北的经济发展与对外开放并没有走在全国前列，错失了良好的发展契机。目前，"长江经济带"和"丝绸之路经济带"建设都被提升为国家战略，湖北省正好位于"两带"的交会处，可以说为湖北新一轮加速改革开放提供了千载难逢的机遇。通过以上综合分析，我们认为湖北省产业发展的战略定位与目标如下：

1. 战略定位

将湖北省打造成"东西双向开放的战略交接点"，充分利用"长江经济带"建设和长江"黄金水道"江海联运的向东开放新契机以及"丝绸之路经济带"向西开放的机遇，形成"双翼助力促腾飞"的格局。

2. 战略目标

湖北省要在"两带"建设中，努力实现经济转型、产业升级、速度换挡，开创新时期经济健康、持续、稳定发展的新局面。

3. 具体目标

经济转型——推进增长方式由粗放型向集约型转变，生产方式由高耗低效向低耗高效转变，产业链由低端扩张向高端延伸转变。

产业升级——促进特色产业扩大规模绿色发展、新兴产业争先进位跨越发展、传统产业改造升级优化发展。

速度换挡——放弃经济增长的高速度、适应经济新常态下的平稳增长。

（二）湖北省产业发展的基本理念

1. 坚持绿色发展

以生态环境容量和资源承载力为不可逾越的"红线"，创新发展模式，调整产业结构，做到经济活动的绿色化和生态化，实现经济、社会和环境的可持续发展。

2. 坚持多元支撑

以形成共识、集聚力量为导向，加强产业支撑、城市群支撑、人文社会支撑、生态环境支撑，坚持有所为、有所不为相结合，坚持"进"与"退"的统一，充分利用国内和国外两种资源、两个市场，全方位发挥和壮大湖北的优势。

3. 坚持开放共赢

以增强互信、实现共赢为目的，兼顾开放的东西两个方向，建设新型开放经济体系，加强"丝绸之路经济带"和"海上丝绸之路"沿线国家在贸易、文化、政策、货币和投资等多方面的合作，实现全面、主动的开放。

4. 坚持普惠共享

以改善民生为导向，大力实施民生保障工程，促进机会均等，提高社会流动性，调节收入分配，让经济发展和对外开放的成果惠及全体人民，构建和谐社会。

（三）湖北省产业发展中需要处理的五大关系

1. 向东开放和向西开放的关系

改革开放以来，我国基本秉承了向东开放的基本思路，对于湖北来讲向东开放是对外开放的基础。习近平主席提出"丝绸之路经济带"建设的战略构想以来，我国开启了向西开放的新大幕，因此向西开放是湖北对外开放的新起点。向东开放的基础要进一步夯实，程度进一步提升，而向西开放要抓住机遇，长远考虑。

2. 政府、市场和企业的关系

作为中部欠发达地区，在进一步发挥市场力量的同时，湖北需要更好、更有效地发挥政府的作用，更多地突出政府在基础设施建设、生态环境保护、社会管理、产业发展、资源利用和对外合作的组织、领导、协调作用。

3. 产业和企业的关系

政府需要根据湖北自身的优势和产业基础，规划传统产业、新兴产业和特色产业的发展思路，制定相应的产业政策。但不应干预行业内各企业的发展策略，而是让各企业在产业政策的指引下形成自主决策、相互竞争的局面。

4. 湖北与"丝绸之路经济带"国内段的关系

湖北与国内段各省区在"丝绸之路经济带"建设中既是竞争者，又是合作者，加强和国内其他地区的合作，发挥各自优势，实现产业、基础设施、人员等多方面的跨省区经济联动，建设跨省区经济合作区。

5. "走出去"与"引进来"的关系

既要鼓励本省企业"走出去"利用中西亚各国资源、开拓国际市场，又要凭借本地人才、技术和交通的便利，"引进来"中西亚国外企业来本地经营。

（四）湖北省产业发展的基本步骤

在新的开放格局以及经济新常态的背景下，湖北省的产业发展应当按照"近期—中期—远期"的步骤推进，最终实现经济转型、产业升级、速度换挡的战略目标。

1. 近期：拓展经贸往来，开创对外开放新局面

首先，完善和实施向西拓展国际贸易的相关政策。湖北要继续加强与海关、外汇管理、金融、国税等部门合作，认真执行国家外贸政策，结合地方实际，创新支持外贸的政策体系，优先支持重点企业和中小企业的出口。加强外贸出口保障服务，简化各项出口程序，实行快速出口退税。积极引导企业拓展中西亚国际市场。

其次，做好信息服务，鼓励企业创新"走出去"的模式。简

化对外投资的审批手续，加强与外国驻武汉的领事馆和办事机构的联系，及时传达国外的投资行情和企业合作事宜，实现信息交流的无障碍，政府应对进行中亚投资的企业给予税收上的优惠，在金融财政方面给予支持。鼓励企业在"走出去"的模式上进行创新，积极推广"安琪酵母模式"（依靠自身技术，利用"丝绸之路经济带"国内段省区的原材料、资源等优势，于当地生产，产品出口中亚）和"华新水泥模式"（依靠自身技术，利用"丝绸之路经济带"国外段国家的原材料、资源等优势，于当地生产当地销售）等。

再次，进一步发挥对外工程承包的传统优势。对外承包工程是湖北省外向型经济领域最亮眼的部分之一，在建筑建设、水利电力施工等方面具有其他省市所不具有的技术比较优势。政府应当协调葛洲坝集团、中铁大桥局、中冶南方、五环等重点工程建设企业形成一个定期信息沟通与经验介绍的机制，打造国际工程建设的"鄂商"品牌，并积极拓展中西亚的业务。

最后，进一步挖掘"汉新欧"专线的潜能。既要加强省、市层面的对外宣传推介，也要借助国家层面的对外宣传；既要加强与长三角、珠三角地区的合作交流，扩大影响和辐射，也要适时在境外设立代表处等办事机构，开展与境外铁路公司、物流公司的合资合作。同时，积极争取国家支持，加快申请"安智贸"和整车进口口岸城市建设步伐，提升回程货源的质量和数量。

2. 中期：优化产业布局，形成集群效应新水平

首先，充分发挥武汉"城市圈"重点示范区的功效。这些示范区包括以跨区域重化工产业循环发展为特色的青（山）阳（逻）鄂（州）大循环经济示范区、以科技创新为特色的东湖国家自主创新示范区，以及武汉东西湖综合性示范区、咸宁华中低碳产业示范区、孝感临空经济示范区、黄冈临港经济示范区。

其次，打造鄂西生态文化旅游圈。以"一江两山"为龙头，重点建设特色鲜明、优势突出的三大旅游主题板块、十大旅游区、十条精品线路，建成环"一江两山"交通沿线生态景观工程等十二大重点工程。加强旅游名城强县名镇（村）的建设，积极推进大洪山旅游区、清江画廊旅游区等跨行政区域资源整合。

再次，形成特色鲜明、功能相异的若干产业带。着力构建"襄十随"汽车产业带、"宜荆（门）"电力化工产业带、"荆荆襄随"现代农业产业带与"宜恩神十"特色生态产业带，促进产业结构不断优化。充分发挥襄阳、宜昌两个副中心城市的带动作用，促进鄂西圈域八市（州、林区）错位发展、特色发展和协调发展。

最后，建设沿长江现代产业密集带。积极发展以冶金、石化、汽车、船舶、装备制造等为主体的先进制造业，以电子信息、生物、新能源、新材料、节能环保等产业为支撑的高新技术产业；依托长江"黄金水道"，发展以现代物流和文化旅游等为重点的现代服务业，以高产优质水稻、名优特淡水产品等为主的农业生产与农产品加工业。建设各城市功能定位与分工明确的产业园区，构建沿江区域间产业发展的良性互动机制。

3. 远期：提升创新能力，打造经济增长新高地

首先，显著提高技术创新能力。围绕改造传统产业、发展战略性新兴产业，加快形成以企业为主体、市场为导向、产学研相结合的技术创新体系建设，增强企业创新能力。整合创新资源、集聚国内外创新要素、构建区域创新网络，推动建立企业和科研机构、高等院校共同参与的区域创新战略联盟，建设特色鲜明、优势突出的区域创新体系。

其次，产业结构实现升级。推动新技术、新业态、新模式对传统产业的改造，扩展和延伸产业链，大力发展循环经济，增强自主研发能力和核心竞争力，全面提升传统优势产业的层次和水平。加快培育发展先进制造业、高新技术产业、现代服务业和现代农业的优势，在全国具有明显的竞争力。

最后，形成"两圈一带"哑铃式增长的新高地。武汉城市圈着力实现要素富集、产业集聚、资源节约的活力城市圈，发挥武汉龙头作用，发挥集成效应，提高核心竞争力，实现武汉城市圈率先崛起。充分发挥生态文化资源优势，以旅游业为引擎，将鄂西生态文化旅游圈建设成为生态观光、休闲度假、民俗体验、科考探险等综合性旅游圈，使得生态文化旅游成为重要的增长极。将湖北长江经济带建设成为促进"两圈"互动和推动全省经济社会协调发展的空间主轴、促进中部地区崛起的重要增长极。

执笔人：黄孝武　冀志斌

专题四 "丝绸之路经济带"作为人民币国际化新的推进方向

"丝绸之路经济带"建设是新时期我国新的发展战略,给人民币国际化带来了新机遇,但人民币国际化在"丝绸之路经济带"沿线国家也存在诸多困难和挑战。应该以哈萨克斯坦为突破口,多种措施共同推进人民币在"丝绸之路经济带"沿线国家的国际化。具体措施包括:签署双边本币互换协议;对更多的中亚货币实行直接报价;推行人民币区域化,包括经常项目和资本项目的人民币计价结算;建立中亚人民币资金支付清算体系和人民币的回流投资渠道;成立中亚开发银行;中国银行等金融机构在中亚地区开设分支机构等。

一 人民币国际化的现状

自 2009 年启动跨境贸易人民币结算试点以来,人民币国际化呈现较快的发展态势。根据中国银行发布的跨境人民币指数(CRI),2016 年 3 月 CRI 指数为 257 点,较上月提升 27 点,较上年末下降 19 点。人民币在跨境循环过程中保持净流出,但资金净流出步伐有所放缓(参见图 1)。

直接投资项下的人民币跨境使用增长较快。2016 年 3 月,直

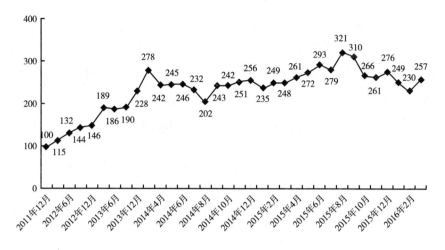

图1 中国银行跨境人民币指数（CRI）

资料来源：中国银行网站，http://www.bankofchina.com/aboutboc/bi1/201605/t20160517_6915645.html。

接投资项目下的跨境人民币结算1833亿元，同比增幅达26.3%，环比增长62.3%。直接投资项目下的人民币跨境使用持续推动着人民币国际化，人民币净输出有所放缓。跨境流出活跃度稍有下降，跨境回流活跃度略微上升，境外流转活跃度小幅提升，使得指数水平总体与上月持平。

直接投资的人民币输出能力仍需进一步提升。2016年3月，人民币对外直接投资（ODI）与人民币外商直接投资（FDI）之间的规模差距从2月份的542亿元减小到535亿元，ODI项下的人民币输出能力略有提高。

人民币跨境使用活跃度提升明显，与主要国际货币的差距进一步缩小。2015年，跨境人民币指数呈现稳中调整的态势，在跨境货物贸易结算使用水平稳步提高的基础上，跨境服务贸易、跨境直接投资中的使用水平逐步攀升，人民币跨境使用的基础更加牢固。2015年6月，美元、欧元、英镑、日元的跨境使用活跃度指数分别为1470、939、605、424，人民币跨境使用活跃度与主要国际货币的差距进一步缩小。

除了人民币跨境使用指数外，中国银行发布的离岸人民币指数（ORI）是另外一个衡量人民币国际化的指标。总体上，ORI 呈现平稳上升走势，截至 2015 年三季度末，ORI 从 0.32% 上升至 1.40%，2015 年四季度有小幅下滑（参见图 2）。

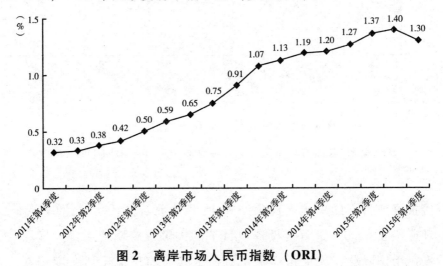

图 2 离岸市场人民币指数（ORI）

资料来源：中国银行网站，http://www.bankofchina.com/aboutboc/bi1/201603/t20160317_6552373.html。

2015 年末，离岸人民币市场流动性逐步趋紧，离岸人民币存款余额约为 2.22 万亿元，较上年年末下降 20%；离岸人民币债券（不含 CD）余额约 5400 亿元，较三季度末增长 67 亿元；境外人民币外汇交易量占全球外汇交易量的比重从三季度的 4.25% 下降至 3.08%。

二 "丝绸之路经济带"建设给人民币国际化带来新的机遇

（一）人民币国际化进展

近年来人民币国际化进程明显加快，人民币国际结算量稳步增长。据中国人民银行数据显示,自2009年4月实施跨境贸易人民币结算试点以来,2010年跨境贸易人民币结算业务量为5061亿元,2011年、2012年、2013年、2014年和2015年分别增至2.09万亿元、2.94万亿元、4.63万亿元、6.55万亿和7.23万亿元。2016年1月至4月跨境贸易人民币结算业务发生1.72万亿元,人民币国际结算量稳步增长。

随着人民币国际化进程的不断推进,各种货币互换机制和人民币全球清算网络扩展也十分迅速。中国人民银行最新数据显示,自2008年末以来,中国已与34个国家及地区分别签署了货币互换协议,累计总规模超过3.1万亿元人民币(不含已失效未续签)。而2015年我国央行分别与11个国家的央行签署或者续签了本币双边互换协议,累计金额达8410亿元人民币。人民币清算网络加速发展也有助于人民币国际结算量的迅速增加。截至目前,人民币境外清算安排已经覆盖全球的多个国家或地区。涉及中国的香港、澳门、台湾,东南亚的新加坡、马来西亚、老挝、柬埔寨、卡特尔和泰国,东北亚的韩国和欧洲的英国、德国、法国、卢森堡、匈牙利和瑞士,美洲的加拿大、智利和阿根廷,非洲的南非和赞比亚及大洋洲的澳大利亚。这些国家和地区的人民币清算行确立,进一步推动了人民币离岸市场发展和人民币国际化。

从人民币国际化取得的成果可以看出,人民币国际化发展方向已由亚欧国家逐渐向全球覆盖,而中亚地区人民币国际化进程略显缓慢。人民币国际化在中国香港、东盟、西欧等国家取得的显著进展,为其他国家起到了良好的示范作用,将带动更多的国家选择以人民币计价结算。

(二)"丝绸之路经济带"建设为人民币国际化创造了机会

"丝绸之路经济带"建设的提出为中国与中亚地区带来了巨大

的发展机会,"丝绸之路经济带"贯通古今、连接中外、横跨欧亚大陆,涉及不仅以沿边国家的互通往来促进中国西部发展,而且以走廊经济、带状经济推进欧亚整个区域经贸发展。中国和中亚各国之间的经贸往来必然会更加频繁,经贸交往对金融服务提出了要求,对人民币计价结算和人民币国际化也蕴含着机遇。

1. 中国是中亚各国的重要贸易伙伴

中国是中亚地区各国贸易往来的主要对象。2015 年中国与哈萨克斯坦、乌兹别克斯坦、塔吉克斯坦、吉尔吉斯斯坦中亚四国双边贸易额超过 166.54 亿美元,比 2014 年下降 33.06%。中国与中亚四国的贸易结构多元化程度较低,中亚四国出口结构深受中国需求变动影响。中国与哈萨克斯坦贸易额达 105.67 亿美元,哈萨克斯坦对中国出口额 54.84 亿美元(占比 12.0%),哈萨克斯坦从中国进口额为 50.83 亿美元(占比 16.8%)。中国与吉尔吉斯斯坦贸易额为 10.65 亿美元,同比下降 13.7%,中国是吉尔吉斯斯坦第二大贸易伙伴国和进口来源国,中吉贸易额占吉外贸总额的 18.5%。中国与塔吉克斯坦双边贸易总额为 18.47 亿美元,其中新疆与塔吉克斯坦贸易总额为 13.9 亿美元,占中塔双边贸易总额的 75%,新疆与塔吉克斯坦贸易占全年新疆对外贸易总额的 7.1%,塔吉克斯坦是新疆的第四大贸易伙伴。2015 年 1~11 月,中国与乌兹别克斯坦双边贸易达到 31.75 亿美元,同比下降 17.1%,中国贸易顺差为 9.37 亿元。随着"丝绸之路经济带"建设的进行,中国与中亚各国之间贸易往来也将越来越频繁,需要更为成熟的金融服务作支撑,这为在中亚地区实现人民币计价结算创造了条件。

2. 中国与中亚各国人民币结算小有成效

随着人民币国际化进程推进,人民币在中亚地区的使用也得到了进一步推广。2008 年以来,中国人民银行与白俄罗斯、新西兰、塔吉克斯坦、蒙古、哈萨克斯坦、泰国、巴基斯坦、乌克兰中央银行或货币当局及欧央行签署了双边本币互换协议，互换总规模达到 2890 亿人民币。截至 2015 年 5 月末，中国人民银行共与 15 个国家的中央银行签订了本币结算协定，其中与蒙古、吉尔吉斯斯坦、哈萨克斯坦等 7 个国家的中央银行签订的为边贸本币结算协定，允许在我国与周边国家的边境贸易结算中使用双方本币或人民币；与俄罗斯和白俄罗斯两个国家中央银行签署的为一般贸易本币结算协定，允许在边境贸易和一般贸易中使用双方本币或人民币进行结算，降低了相关企业和个人的汇兑成本，规避了汇率风险，对促进我国与这些国家的经贸往来发挥了积极作用。"丝绸之路经济带"建设无疑将会延续现有成果，继续在中亚地区推行人民币计价结算，为中亚地区实现人民币国际化提供有力支持。

三 在"丝绸之路经济带"推进人民币国际化的困难和障碍

（一）地缘因素使人民币处于劣势

"丝绸之路经济带"涉及国家数量众多、各国文化差异大、国与国之间又存在各种矛盾争端，这将增加协调各方利益的难度，限制与人民币结算的发展。中亚由于地缘战略位置特殊、民族宗教关系复杂，经常被卷入大国纷争的漩涡。中亚地区受西方文化影响较大，更易接受西方欧美国家的经济发展理念，更信赖欧美国家。又因为中国西北地区经济实力不强、外贸商品的供求多来自内地省区、口岸地离商品地较远、运输耗时费力、周边国家对中国商品的需求有限，致使中国不能成为主要的商品供应者，中国市场地位仍处于弱势。

（二）各国经济发展水平存在巨大差异

"丝绸之路经济带"沿线国家的经济发展水平存在较大差异。
"丝绸之路经济带"以中国为中心，南下是繁荣的亚太经济圈，北
上是发达的欧洲经济圈，中国－中亚地区却是一个经济缺陷带。
中亚经济带中的中亚五国，即哈萨克斯坦、吉尔吉斯斯坦、塔吉
克斯坦、乌兹别克斯坦、土库曼斯坦，这几个国家地处内陆，相
对封闭，经济发展起点低，人均GDP很低，只有哈萨克斯坦的情
况相对较好。经济带内各国经济的合作受到各国经济发展水平的
影响，各国经济发展水平的差距势必会导致各国花费更多的时间
精力在协商谈判上，限制了合作的展开和区域经济的发展。

表1 2015年"丝绸之路经济带"沿线各国GDP及人均GDP

国家			GDP(十亿美元)	人均GDP(美元)
"丝绸之路经济带"	中亚经济带	哈萨克斯坦	433	24602.27
		吉尔吉斯斯坦	20	3508.772
		塔吉克斯坦	23	2674.419
		乌兹别克斯坦	62	11481.48
		土库曼斯坦	179	5737.179
	环中亚经济带	中亚		
		阿富汗	—	—
		阿塞拜疆	172	17551.02
		巴基斯坦	949	5023.822
		白俄罗斯	168	18064.52
		俄罗斯	3560	24300.34
		格鲁吉亚	36	9000
		蒙古	36	12413.79
		孟加拉	535	3322.981
		缅甸	260	4823.748
		叙利亚	68	4047.619
		乌克兰	342	7990.654
		亚美尼亚	25	8333.333
		伊朗	1379	17433.63

续表

国家			GDP(十亿美元)	人均GDP(美元)
"丝绸之路经济带"	环中亚经济带	伊拉克	539	15140.45
		以色列	287	34166.67
		印度	7969	6078.566
		约旦	82	10123.46
		中国	19735	14500.37
	亚欧经济带	环中亚地区		
		奥地利	416	48372.09
		比利时	501	44336.28
		保加利亚	130	18309.86
		塞浦路斯	27	30000
		克罗地亚	95	22619.05
		捷克共和国	346	32952.38
		丹麦	264	46315.79
		爱沙尼亚	36	27692.31
		芬兰	226	41090.91
		法国	2666	41397.52
		德国	3855	47242.65
		希腊	296	26909.09
		匈牙利	257	25959.6
		爱尔兰	253	53829.79
		意大利	2197	36739.13
		拉脱维亚	36	18000
		立陶宛	80	27586.21
		卢森堡	53	88333.33
		马耳他	14	35000
		荷兰	839	49644.97
		波兰	1005	26171.88
		葡萄牙	308	29333.33
		罗马尼亚	424	21743.59
		斯洛伐克	160	29629.63
		斯洛文尼亚	64	30476.19
		西班牙	1628	35314.53
		瑞典	460	46464.65
		英国	2663	41350.93

资料来源：各国宏观经济指标宝典数据库（BVD：EIU Countrydata），https://eiu.bvdep.com/countrydata/ip。

（三）人民币计价结算地位不及美元

近年来，随着中国经济平稳发展，人民币逐渐被世界各国所认同。截至 2015 年末，与中国直接交易的外国货币有美元、欧元、日元、新西兰元、澳元、英镑、韩元七种。在中国外汇交易中心挂牌交易的货币有美元、欧元、日元、港币、英镑、马来西亚林吉特、俄罗斯卢布、澳大利亚元、加拿大元、新西兰元和瑞士法郎十一种。2015 年 11 月 30 日，国际货币基金组织（IMF）批准人民币加入特别提款权（SDR）货币篮子，人民币将于 2016 年 10 月 1 日起，与美元、欧元、日元和英镑共同构成 SDR 货币篮子，人民币所占权重为 10.92%，美欧日英权重分别为 41.73%、30.93%、8.33% 和 8.09%。虽然人民币已经正成为部分国家多元化储备的选择，但在全球中的市场使用份额仍较低，2016 年 3 月人民币所占份额仅为 1.88%，远远不及美元的 43.09%。

"丝绸之路经济带"各国大多还是以美元为计价货币，通过美元来与人民币计价结算。哈萨克斯坦在新疆启动跨境贸易人民币结算试点后，便实现了人民币对坚戈的兑换。但其规模较小，结算形式单一，清算渠道也较窄。吉尔吉斯斯坦、土库曼斯坦、乌兹别克斯坦、塔吉克斯坦四个国家均选择美元计价结算，人民币在这几个国家的流通仅在有限范围进行，部分地区还存在无官方兑换牌价的民间兑换行为。

（四）中亚地区缺乏人民币回流机制

中亚地区缺乏正规的人民币回流渠道，人民币回流主要通过民间货币兑换点和贸易者携带入境的方式进行，通过正规银行体系进行回流的人民币十分有限。目前，除哈萨克斯坦有我国银行的分支机构外，中国和其他周边国家的银行间都没有直接的结算关系。与巴基斯坦的现汇贸易有少部分采用信用证方式结算，与吉尔吉斯斯坦的现汇贸易全部是采用电汇方式结算，且外汇全部汇入外贸企业的个人名下。现钞结算已成为新疆边境贸易的主要结算方式，约占新疆边境贸易结算总量的90%。外贸企业在与吉尔吉斯斯坦的边境贸易中以人民币结算的情况时有发生。毗邻国家货币结算往往需要将收取的毗邻国家货币兑换美元再汇回国内。

（五）金融机构支持力不足

近年来，中国一直倡导金融机构走出去，但是金融机构大多选择了在发达国家设立分支机构，发达国家金融发展成熟，有设立分支机构的条件，而且能从发达国家获得投资机会。然而，中国的金融机构在中亚地区设立分支机构的还不多，这也限制了中亚地区使用人民币结算的发展。新疆与中亚国家金融机构的合作比较密切，现有4个国家的商业银行在新疆辖内银行开立了12个人民币同业往来账户，2013年1月，中国新疆辖内九家外汇指定银行在哈国当地和外资银行分支机构建立了59个代理行关系、2个账户行关系，中国银行在哈国代理行就有20多家。

表2 银行境外分支情况表

名称	境外分支机构
国家开发银行(5)	开罗代表处、莫斯科代表处、里约热内卢代表处、伦敦代表处、加拉加斯代表处
中国进出口银行(3)	巴黎分行、东南非代表处、圣彼得堡代表处

续表

名称	境外分支机构
中国工商银行(46)	阿布扎比分行、釜山分行、多哈分行、河内分行、香港分行、工银亚洲、工银阿拉木图、工银印尼、工银澳门、工银马来西亚、迪拜(DIFC)分行、工银泰国、工银国际、卡拉奇分行、孟买分行、金边分行、首尔分行、新加坡分行、东京分行、万象分行、科威特分行、仰光分行、阿姆斯特丹分行、布鲁塞尔分行、法兰克福分行、工银欧洲、工银伦敦、伦敦分行、工银莫斯科、工银标准、工银土耳其、卢森堡分行、米兰分行、巴黎分行、华沙分行、马德里分行、工银加拿大、工银金融、工银墨西哥、工银美国、纽约分行、工银阿根廷、工银秘鲁、工银巴西、悉尼分行、工银新西兰
中国建设银行(15)	东京分行、法兰克福分行、胡志明市分行、纽约分行、首尔分行、台北分行、悉尼分行、香港分行、新加坡分行、约翰内斯堡分行、卢森堡分行、墨尔本分行、迪拜分行、伦敦分行、多伦多分行
中国农业银行(15)	新加坡分行、香港分行、首尔分行、纽约分行、迪拜国际金融中心分行、东京分行、法兰克福分行、悉尼分行、中国农业银行(英国)有限公司、中国农业银行(莫斯科)有限公司、农银国际控股有限公司、农银财务有限公司、温哥华代表处、河内代表处、台北代表处
中国银行(28)	中国澳门分行、中国台湾分行、新加坡分行、泰国分行、日本分行、越南分行、马来西亚分行、印度尼西亚分行、柬埔寨分行、俄罗斯分行、英国分行、法国分行、卢森堡分行、比利时分行、荷兰分行、波兰分行、瑞典分行、德国分行、意大利分行、匈牙利分行、赞比亚分行、美国分行、加拿大分行、巴拿马分行、巴西分行、新西兰分行、澳大利亚分行
交通银行(14)	香港分行、纽约分行、东京分行、新加坡分行、首尔分行、法兰克福分行、澳门分行、胡志明市分行、伦敦分行、悉尼分行、旧金山分行、台北分行、布里斯班分行、卢森堡分行
中信银行(5)	香港分行、澳门分行、纽约分行、洛杉矶分行、新加坡分行
中国光大银行(1)	香港分行
中国民生银行(1)	香港分行
招商银行(5)	香港分行、纽约分行、招银国际、永隆银行、新加坡分行
广发银行(2)	澳门分行、香港代表处
平安银行(1)	香港代表处
上海浦东发展银行(1)	香港分行
北京银行(1)	香港代表处

资料来源:各大银行网站。

（六）缺乏完善的结算中心

"丝绸之路经济带"建设将加强中国与周边国家的贸易往来，各国之间频繁的贸易往来要求有完善的结算中心作支撑。自"丝绸之路经济带"提出以来，许多地区都强调自身在"丝绸之路经济带"建设中的战略作用，但是能够提供支付结算作用的地区却不在多数。虽然新疆是中国与中亚地区跨境贸易结算主要结算点，它的边贸口岸最多、边贸增长最快，但是新疆的跨境贸易人民币结算业务却十分有限。新疆与中亚五国的跨境贸易人民币结算还没有形成统一完善的人民币支付清算网络，而且中亚地区各国多通过银行代理缴扣税，边贸商户为规避税费，倾向于现钞结算。中亚各国与中国贸易失衡也对人民币结算产生较大影响。相较于东南亚地区，中亚地区与中国未来的经济贸易还存在很大发展空间，这也将促进跨境人民币结算业务进一步发展，而且完善的结算中心将会大大方便跨境人民币结算工作。

四　以"丝绸之路经济带"推进人民币国际化的政策建议

（一）以哈萨克斯坦为突破口

推进中亚各国采用人民币计价结算，不能盲目进行，可以首先选取一个国家作为突破口。在中亚五国中，哈萨克斯坦的经济实力最强，而且与中国的贸易往来较为活跃，是中国在中亚地区最大的伙伴国。哈萨克斯坦在新疆启动跨境贸易人民币结算试点后，便实现了人民币对坚戈的兑换。中哈两国已经具备良好的合作基础，中国对哈萨克斯坦的市场环境也有所了解，有利于人民币计价结算在哈萨克斯坦的推进。

（二）成立中亚开发银行

中亚地区各国经济水平参差不齐，应成立提供融资渠道的中亚开发银行，为中亚地区投资建设提供帮助。从整个中亚地区出发，中亚开发银行可以给相应基础设施项目、产业发展项目提供相应贷款，促进中亚地区各国之间的金融合作。中亚开发银行可以担任中亚地区各国金融经济合作的协调者，为中亚地区经贸往来制定相关政策。

（三）签署双边本币互换协议

加强与中亚国家之间的协商交流，继续与中亚各国签订或完善双边本币互换协议。建立多层次、宽领域的合作关系，消除贸易摩擦，加强双边金融合作。同时，针对中国与中亚各国之间的具体情况，进一步发展双边货币结算机制，并向资本领域进行拓展。

（四）疏通人民币回流渠道

人民币回流渠道的不通畅大大限制了人民币结算在中亚地区的使用，因而必须根据实际情况采取措施。第一，放宽人民币流出的限制，允许"丝绸之路经济带"国家的企业和个人在中国境内银行直接开立人民币存款账户；第二，与"丝绸之路经济带"国家合作建立合资银行，使境外银行的人民币清算可以进入境内结算体系；第三，鼓励境内银行向境外合格企业或项目提供人民币贷款，促进人民币在周边国家流动；第四，与"丝绸之路经济带"各国建立区域金融市场，提供各种金融工具，促进人民币在境内外流转。

（五）推行人民币区域化

"丝绸之路经济带"建设将会增加边境贸易，充分发挥新疆与中亚五国的地缘优势，促进中亚地区人民币区域化，包括经常项目和资本项目的人民币计价结算。通过与中亚各国协商谈判，使更多的中亚货币实现对人民币进行直接报价，使人民币成为中亚地区贸易往来结算的主要货币。

（六）鼓励在中亚地区设置金融分支机构和结算中心

鼓励中国银行等金融机构在中亚地区设置分支机构，使中国金融机构走向中亚地区，加强与境外商业银行账户往来，根据地区情况设置人民币兑换点和自动存取款设备，为人民币在中亚地区的使用提供基础服务，推进跨境人民币结算业务发展，加强金融业务往来和相互交流，促进金融服务在中亚地区不断推广，为人民币跨境结算提供有力支持。同时，要在中亚地区建立统一的人民币结算中心，方便人民币在"丝绸之路经济带"的结算，提供安全有效的人民币结算系统，统一混乱不堪的结算市场。

执笔人：周先平

参考文献

胡鞍钢、马伟、鄢一龙：《"丝绸之路经济带"：战略内涵、定位和实现路径》，《新疆师范大学大学学报》2014年第2期。

陈万灵、何传添：《海上丝绸之路的各方博弈及其经贸定位》，《改革》2014年第3期。

中国人民银行乌鲁木齐中心支行：《加强国际和地区的交流与合作，构建中国－亚欧金融合作平台——中国－亚欧博览会金融合作论坛综述》，《金融发展评论》2011年第10期。

易诚：《进一步加强与"一带一路"国家的金融合作》，《甘肃金融》2014年第4期。

赵东波、李英东：《中俄及中亚各国"新丝绸之路"构建的战略研究》，《东北亚论坛》2014年第1期。

郭新明：《深化区域金融合作与创新，助推"丝绸之路经济带"共赢发展》，《金融时报》2014年第9期。

图书在版编目（CIP）数据

"丝绸之路经济带"与湖北对外开放：机遇与应对/
朱新蓉，李志生主编. -- 北京：社会科学文献出版社，
2016.11

ISBN 978 - 7 - 5097 - 9526 - 2

Ⅰ.①丝… Ⅱ.①朱… ②李… Ⅲ.①对外开放 - 研
究 - 湖北省 Ⅳ.①F127.63

中国版本图书馆 CIP 数据核字（2016）第 183216 号

"丝绸之路经济带"与湖北对外开放
——机遇与应对

主　　编／朱新蓉　李志生

出 版 人／谢寿光
项目统筹／祝得彬
责任编辑／赵怀英

出　　版／社会科学文献出版社·当代世界出版分社 （010）59367004
　　　　　地址：北京市北三环中路甲 29 号院华龙大厦　邮编：100029
　　　　　网址：www. ssap. com. cn
发　　行／市场营销中心 （010）59367081　59367018
印　　装／北京盛通印刷股份有限公司

规　　格／开 本：787mm × 1092mm　1/16
　　　　　印 张：12.75　字 数：159 千字
版　　次／2016 年 11 月第 1 版　2016 年 11 月第 1 次印刷
书　　号／ISBN 978 - 7 - 5097 - 9526 - 2
定　　价／78.00 元